IMPRESSIONISMUS

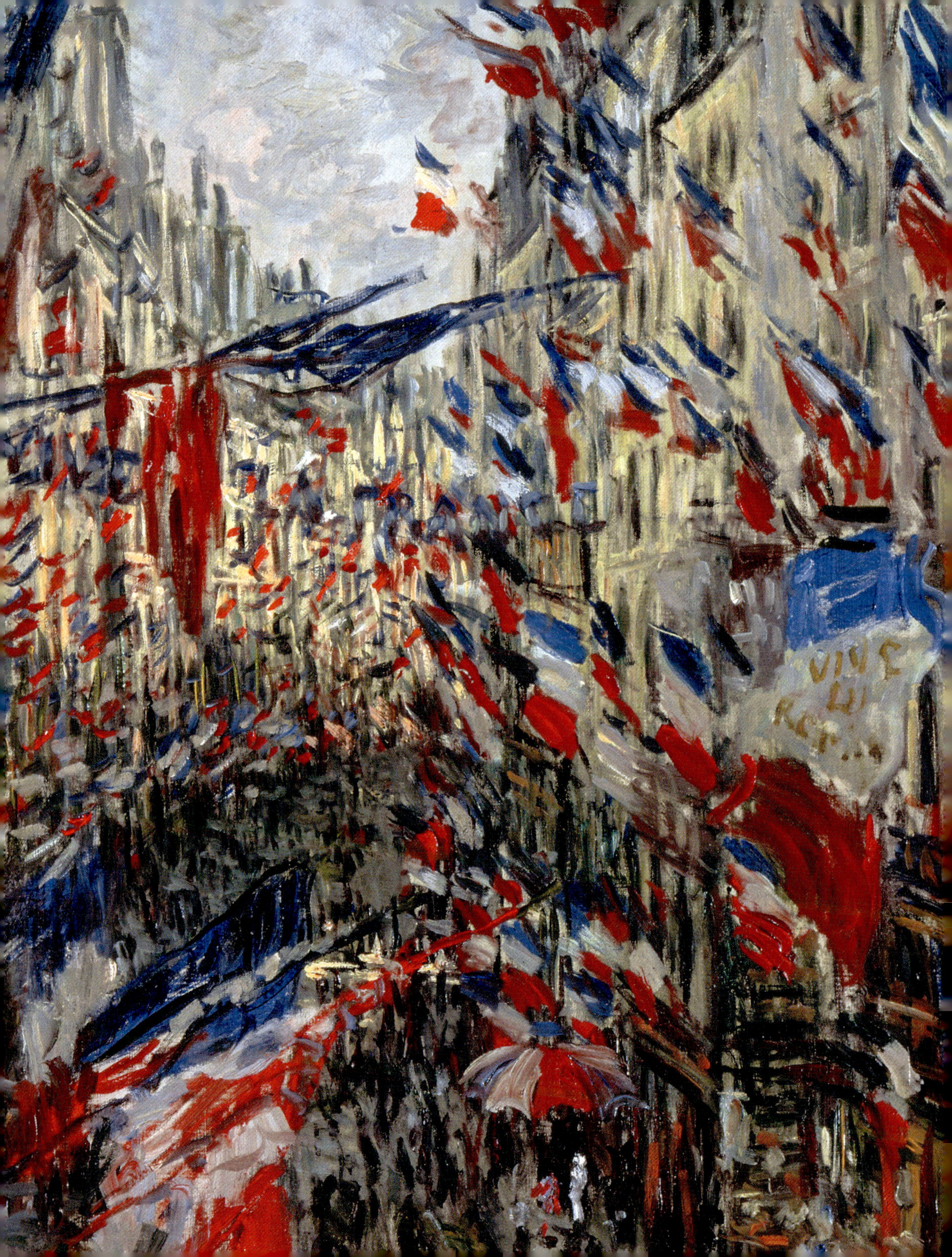

IMPRESSIONISMUS

Florian Heine

PRESTEL
München · London · New York

Umschlag: Claude Monet, Mohnblumen, 1873, Musée d'Orsay, Paris
(Detail, siehe Seite 57)

Frontispiz: Claude Monet, La Rue Saint Denis, 30. Juni 1878, 1878
(Detail, siehe Seite 81)
Seite 8/9: Claude Monet, Impression: Sonnenaufgang, 1872
(Detail, siehe Seite 11)
Seiten 38/39: Paul Cézanne, Mont Sainte-Victoire, 1902–1906
(Detail, siehe Seite 109)

Der Verlag bemüht sich um einen nicht-diskriminierenden Sprachgebrauch. Die Begriffe »Schwarz« und »weiß« sind keine neutralen Begriffe zur Beschreibung biologischer Eigenschaften, sondern politische, kulturelle und soziale Zuschreibungen. Hierauf weist das Wort »Schwarz« mit großem »S« hin, als Ausdruck einer emanzipatorischen Selbstbezeichnung von Menschen, die in rassistischen Gesellschaften leben oder im globalen Kontext als »nicht-*weiß*« gelten. Gleichermaßen wird durch die Nennung und Kursivierung des Begriffs »*weiß*« das koloniale Erbe einer solchen Unterscheidung hervorgehoben.

Projektleitung Verlag: Anja Besserer
Lektorat: Stefanie Adam
Herstellung: Andrea Cobré
Gestaltung: Florian Frohnholzer, Sofarobotnik
Satz: ew print & medien service gmbh
Lithografie: Reproline mediateam
Druck und Bindung: Litotipografia Alcione, Lavis
Schrift: Cera Pro
Papier: 150g Profisilk

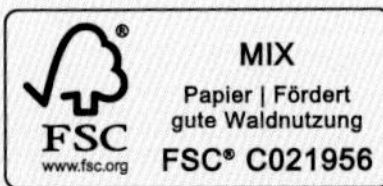

Penguin Random House Verlagsgruppe FSC® N001967

Printed in Italy

ISBN 978-3-7913-8950-9

www.prestel.de

INHALT

EINLEITUNG

Bildmotive der Impressionisten findet man heute auf allen möglichen Produkten: Taschen und Tassen, Hefte und Hemden, Mützen und Mousepads – überall hübsche Blumen, sonnenhelle Wiesen, Balletttänzerinnen und leicht bis nicht bekleidete junge Frauen. Tut man den Impressionisten wie Claude Monet, Edgar Degas oder Auguste Renoir mit derartigen Merchandisingprodukten unrecht? Hätten sie so etwas, wenn es das zu ihrer Zeit schon gegeben hätte, gebilligt? Wahrscheinlich schon, denn was sie wollten, war Erfolg mit ihrer Kunst – und dafür brauchten sie die Anerkennung der Institutionen und der Gesellschaft. Und nachdem ihnen diese anfangs oft verweigert wurde, suchten sie sich neue Formen der Vermarktung, die vom Establishment nicht gerne gesehen und von vielen Kritikern mit bösartigen Kommentaren bedacht wurden. Was diese so heterogene Gruppe erfolgreich machte, war die gegenseitige Unterstützung und der Zusammenhalt bis zum Schluss, trotz aller Dispute. Gemeinsam legten sie einen Weg zurück, den keiner von ihnen alleine hätte bewältigen können.

Émile Zola definierte die Kunst als »Natur, gesehen durch ein Temperament«, und so unterschiedlich die Temperamente der Maler waren, so unterschiedlich ist auch ihre Kunst. Der Blick auf den Impressionismus wird dominiert von der skizzenhaften Malweise Claude Monets und Auguste Renoirs, dabei ist er so viel mehr: außergewöhnliche Porträts, leuchtende Schneelandschaften, die damals moderne Architektur und überraschend komponierte Momente, die an Fotografien des 20. Jahrhunderts denken lassen.

Die Impressionisten nutzten alle neuen Möglichkeiten, die sich ihnen boten. Von Farbtuben, ohne die es laut Renoir gar keinen Impressionismus gegeben hätte, über chemisch entwickelte Farben und japanische Farbdrucke, die in dieser Zeit in Paris en vogue waren, bis hin zur Eisenbahn. Auch ihre Motive waren neu: das Leben in einer modernen Stadt und das Freizeitverhalten der Städter auf dem Land, das es so vorher gar nicht gegeben hatte. Dazu kam der internationale Kunsthandel, den ihr rühriger Galerist Paul Durand-Ruel eigentlich erst erfunden hat. Zu all dem spielte die Fotografie eine entscheidende Rolle, und zwar nicht, weil die Künstler Fotos gemacht hätten, die sie dann kopierten (auch wenn so etwas durchaus vorkam), sondern weil die Erfindung der Fotografie einen gewissen Endpunkt der Malerei markiert, die bis dahin darauf ausgelegt war, die Natur möglichst getreu abzubilden. Mit der Fotografie war dieses Ziel erreicht. Der Maler Paul Delaroche befürchtete angesichts dieses neuen Mediums 1839 schon das Schlimmste: »Seit heute ist die Malerei tot.« Selten hat sich jemand so geirrt, denn genau das Gegenteil war der Fall: Die Malerei löste sich von der Aufgabe, die Natur getreu abbilden zu müssen, und war nun frei, sich neue Wege zu suchen, sowohl was die Verwendung von Farbe als auch was die Art der Umsetzung und die Motive betraf.

Das alles ereignete sich in einer Stadt, die sich zu dieser Zeit wie kaum eine andere in einem radikalen Wandel befand. Paris war in der zweiten Hälfte des 19. Jahrhunderts die wichtigste Metropole der Kunst und der Wissenschaft.

Die Impressionisten waren auf der Höhe ihrer Zeit. Nur die Gesellschaft war noch nicht dort. Vielen waren die Veränderungen zu schnell und zu heftig, da war manchem die Kunst vielleicht eine Stütze der Beständigkeit. Und diese Stütze schien nun auch noch ins Wanken zu geraten. Dabei waren die Impressionisten mitnichten Sozialrevolutionäre oder anderweitig Umstürzler. Sie waren einfach Maler, die eine moderne Auffassung in einer von Traditionen geprägten Kunstwelt propagierten. Die Protagonisten des Impressionismus stammten aus dem bürgerlichen Lager oder gar aus der Oberschicht. Darin bestand auch ihr Dilemma: Teil dieser gesellschaftlichen Klassen zu sein und gleichzeitig von ihnen abgelehnt zu werden.

Und sie waren für eine Weile in ihrem Wirken ihrer Zeit auch voraus. Aber Kunst und Gesellschaft zogen nach, ihre Ideen wurden an- und übernommen und weiterentwickelt. Um die Jahrhundertwende änderte sich die Kunst und der Blick auf sie und jene Impressionisten, die diese Zeit noch erlebten, erlebten sie in ihrer eigenen künstlerischen Welt. Die jetzigen Neuerungen waren nicht ihre und sie machten sie auch nicht mit.

Während Renoir, Degas und Monet weiterhin ihre inzwischen gut verkäufliche Kunst produzierten, schritt die Entwicklung rasch voran. Vor allem durch Paul Cézannes grundlegende Fragen über die Struktur der Malerei als eine »Harmonie parallel zur Natur« änderte die Kunst ihre Richtung. Georges Braque und Pablo Picasso entwickelten auf dieser Grundlage 1908 den Kubismus, der das traditionelle Verständnis von der Malerei als den Blick durch ein Fenster radikal infrage stellte. Noch radikaler tat das Wassily Kandinsky, der beim Anblick von Monets Heuhaufen erst gar kein Motiv erkannte und durch diesen künstlerischen Schock letztendlich 1910 auf die Idee der abstrakten Malerei kam. Vorher hatten schon Vincent van Gogh und Paul Gauguin, durch den Neoimpressionismus inspiriert, mit der Malerei insoweit experimentiert, als sie die Notwendigkeit, Gegenstände in ihrer natürlichen Farbe zu zeigen, infrage stellten. Sie wurden zu den Vorläufern des Expressionismus. Als Claude Monet 1926, am Ende seines Lebens, dem Staat Frankreich seinen heute berühmten Seerosenzyklus für die Orangerie übergab, interessierte das fast niemanden mehr – die Impressionisten waren in Vergessenheit geraten. Erst in den 1950er-Jahren begannen Kunsthistoriker mit ihrer Wiederentdeckung.

Dieses Buch zeigt einen Überblick über den Pariser Impressionismus von seinen Anfängen bis zu seinem Höhepunkt am Ende des 19. Jahrhunderts.

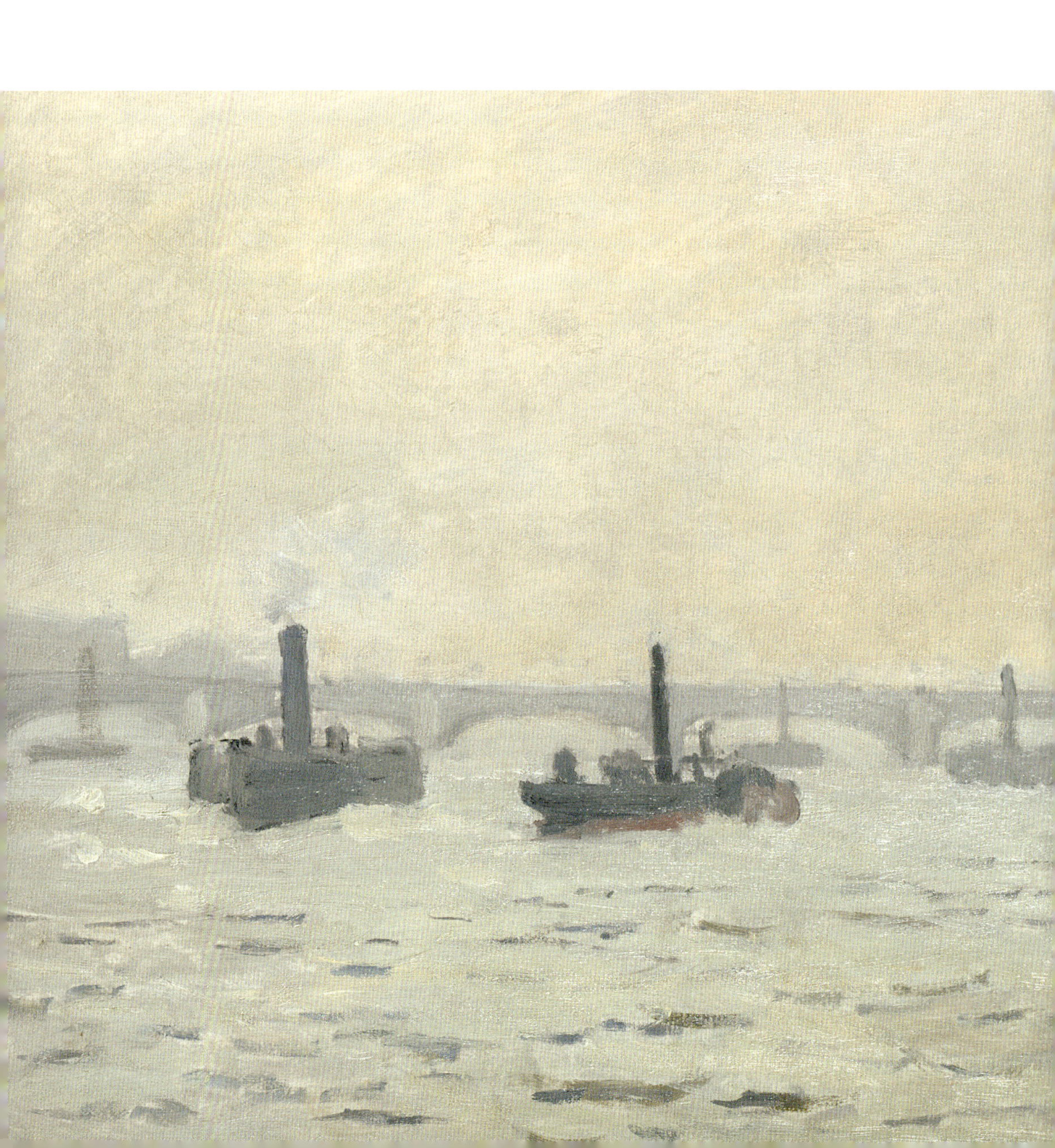

DER IMPRESSIONISMUS

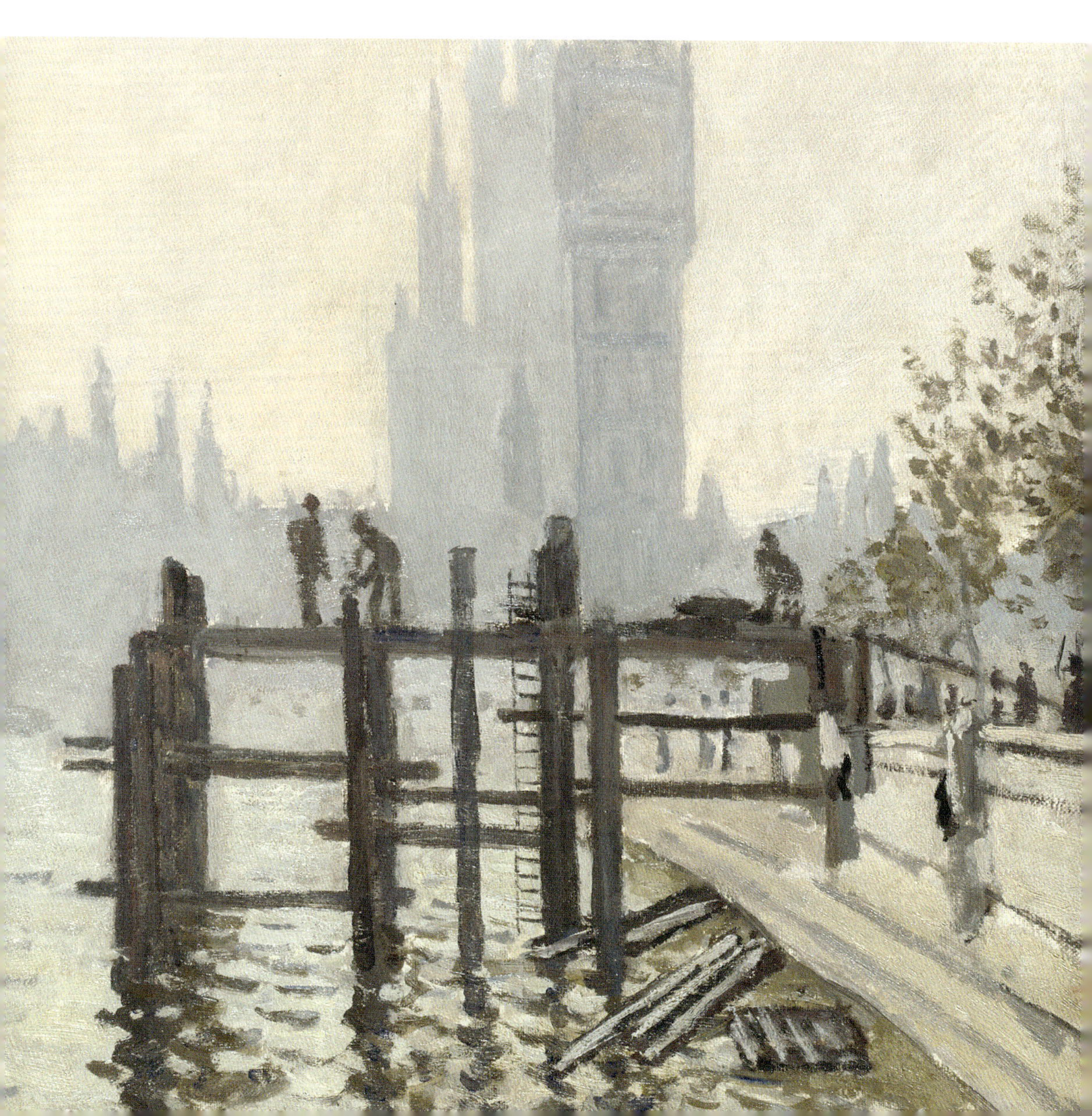

DIE ERSTE AUSSTELLUNG

Am 15. April 1874 eröffnete in Paris eine Ausstellung, die von den Mitgliedern der »Société anonyme Coopérative d'Artistes, Peintres, Sculpteurs, Graveurs, etc.« organisiert und durchgeführt wurde. In dem ehemaligen Fotostudio des berühmten Fotografen Nadar (1820–1910) am Boulevard des Capucines 35 wurden 165 Werke von 30 Künstlern gezeigt, von denen die meisten heute nur noch Fachleuten ein Begriff sind, wie beispielsweise Antoine Ferdinand Attendu, Pierre-Isidore Bureau oder Léon-Auguste Ottin. Es ist eigentlich erstaunlich, dass diese Ausstellung zu einem Meilenstein der Kunstgeschichte wurde, denn von den 165 gezeigten Werken wurden nur wenige verkauft und die meisten Künstler blieben weitgehend unbekannt. Die Besucherzahl war mit 3500 in einem Monat für damalige Zeiten überschaubar und das Presseecho wurde von ein paar sehr negativen Kritiken bestimmt. Die »Société anonyme«, eine Art Aktiengesellschaft, wurde wegen finanzieller Erfolglosigkeit noch vor Ende des Jahres liquidiert.

In dieser Ausstellung zeigte Claude Monet (1840–1926) sein zwei Jahre zuvor gemaltes Bild *Impression: Soleil levant* (*Impression: Sonnenaufgang*; siehe Seite 11). Dieses Gemälde widersprach allem, was in der Kunst zu dieser Zeit üblich und anerkannt war: Das Motiv war nach damaliger Ansicht eigentlich keines, weil es sich dabei weder um ein historisches noch um ein mythologisches oder religiöses Thema handelte und keine moralisierende Aussage gemacht wurde, was für die akademische Kunst immens wichtig war. Es war lediglich ein Sonnenaufgang über dem Hafen von Le Havre zu sehen – aber wie! Eine solche Malweise wurde nicht akzeptiert: Einzelne Farbtupfer und Striche waren scheinbar willkürlich nebeneinandergesetzt worden. Die Umrisslinie der Gegenstände, über deren Bedeutung der berühmte Maler Jean-Auguste-Dominique Ingres (1780–1876) leidenschaftlich mit seinem nicht weniger berühmten Kollegen Eugène Delacroix (1798–1863), einem Verfechter der Farbe, gestritten hatte, spielte keine Rolle mehr. Der Kritiker der Zeitschrift *Le Charivari*, Louis Leroy (1812–1885), sah dieses Gemälde in der Ausstellung und echauffierte sich in der Ausgabe vom 25. April 1874 maßlos darüber: »*Impression: Sonnenaufgang*. – Impression, dessen war ich gewiss. Da muss Impression drin sein. Und welch eine Freiheit und welch eine Dreistigkeit in der Ausführung! Tapetenpapier im embryonalen Zustand ist noch sorgfältiger ausgeführt als diese Malerei.«

Aus heutiger Sicht ist die Aufregung Leroys und seiner Zeitgenossen kaum mehr verständlich, weil wir inzwischen viele Formen und Ausprägungen der Kunst kennen und die Entwicklung unserer Wahrnehmung natürlich eine andere Sichtweise auf die Malerei zulässt, als es zu dieser Zeit möglich war. Heute zählen Claude Monet und andere Künstler dieser Ausstellung, wie Auguste Renoir (1841–1919), Edgar Degas (1834–1917), Camille Pissarro (1831–1903) und Paul Cézanne (1839–1906), zu den bekanntesten Malern, und ihre Werke gehören zu den teuersten auf dem Kunstmarkt. Für einen Kunstkritiker wie Louis Leroy, der von den

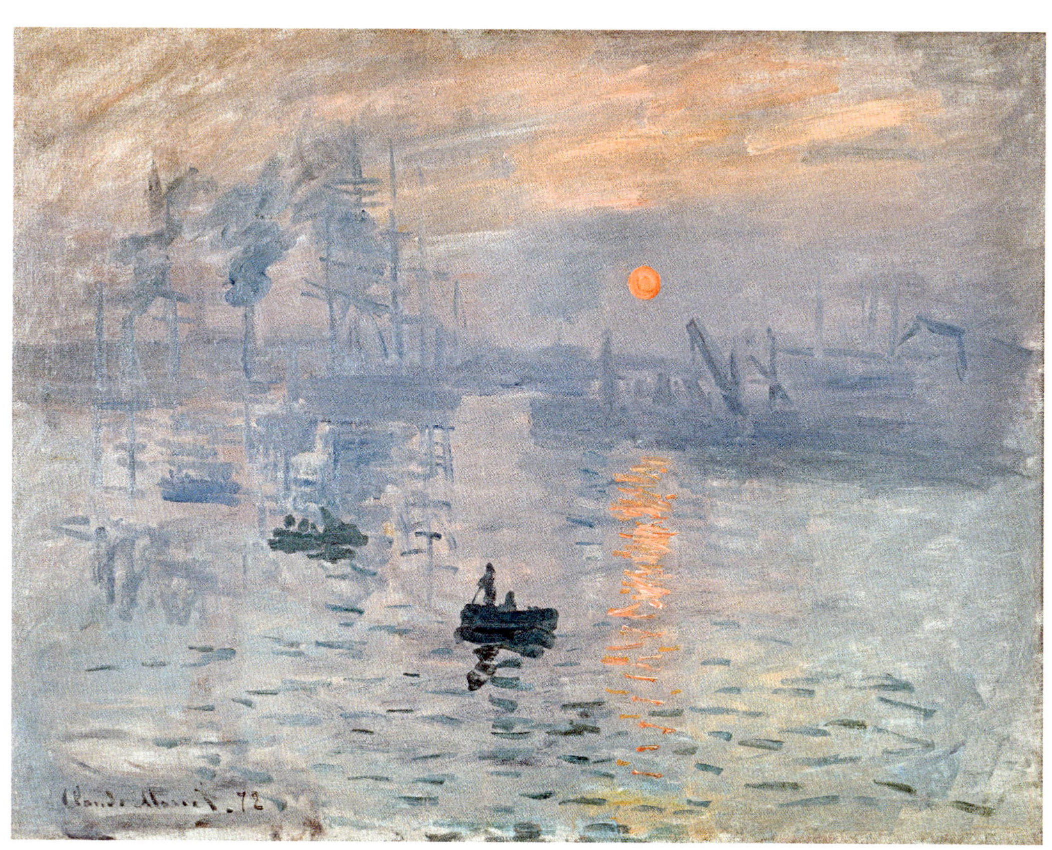

Claude Monet, *Impression: Sonnenaufgang*, 1872, Musée Marmottan Monet, Paris

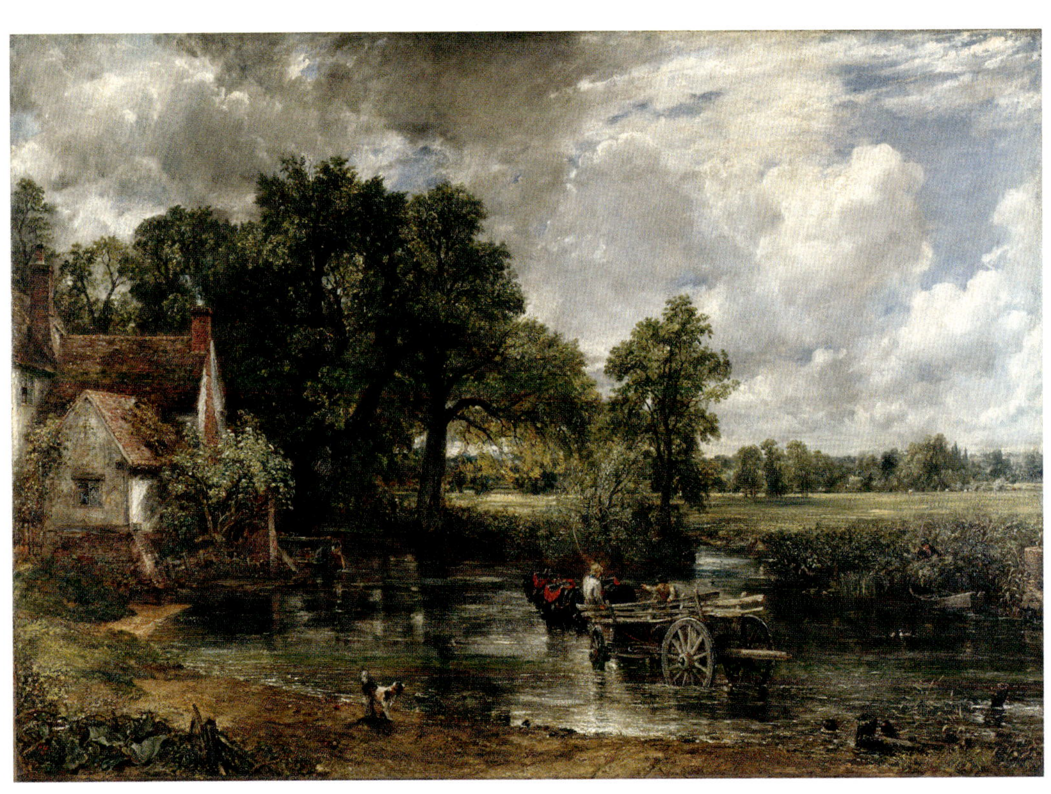

John Constable, *Der Heuwagen*, 1821, The National Gallery, London

festen Wertvorstellungen und der hierarchischen Gesellschaftsordnung seiner Zeit geprägt war und für den es in der Kunst feste Regeln und Vorgaben gab, muss *Impression: Sonnenaufgang* ein Schlag ins Gesicht gewesen sein. Mit seiner Kritik schlug er zurück. Und wie so oft in der Geschichte der Kunst war also auch der Begriff Impressionismus zuerst eigentlich als abwertende, hämische Bezeichnung, ja als Schimpfwort gedacht.

DER BEGRIFF IMPRESSIONISMUS

Was bedeutete der Begriff »Impression« und warum konnte man ihn als Schimpfwort verwenden? Dieser Begriff war schon lange gebräuchlich, spätestens seit die Künstler der Schule von Barbizon in den Wäldern von Fontainebleau malten. Zu Beginn des 19. Jahrhunderts wurde Landschaftsmalerei nach realem Vorbild in der Hierarchie der Bildgattungen – die angesehenste war das Historienbild – nicht besonders hoch geschätzt. Das hatte Tradition, denn immer noch war die »ideale« Landschaft in Mode, die ihr Vorbild nicht in der Natur, sondern in der Phantasie der Maler hatte (siehe Seite 35). Das änderte sich zuerst in England, wo John Constable (1776–1837) sich in seinem Werk der wirklichen Landschaft widmete: »Licht, Tau, bewegte Luft, Blühen, frisches Leben – alles Dinge, die noch nie ein Maler wirklich vollkommen dargestellt hat«, so seine Meinung. Belohnt wurde sein Bemühen 1824 mit einer Goldmedaille des Salons in Paris für *Der Heuwagen* (1821; siehe Seite 12). Die Maler der Schule von Barbizon, bei der es sich um eine Gruppe von Künstlern handelte, wählten sich den Wald von Fontainebleau südöstlich von Paris, in dem der Ort Barbizon liegt, als pittoreske Motivquelle. Théodore Rousseau (1812–1867), Camille Corot (1796–1875), Charles-François Daubigny (1817–1878; siehe Seite 15) und andere malten hier. Ihnen ging es um eine Abkehr von der »idealen« Landschaft, hin zu einem realistischen Abbild der Natur. Dazu skizzierten sie vor Ort und vollendeten ihre Bilder im Atelier. Daubigny war der Erste, der seine Werke komplett im Freien malte. Sie alle einte eine große Leidenschaft für die unberührte Natur, aber auch der Wunsch, ihre Bilder im Salon auszustellen. Das widerstrebte vielen Traditionalisten, vor allen dem konservativen Generaldirektor der staatlichen Museen und Jurypräsidenten des Salons Graf Nieuwerkerke: »Das ist Malerei von Demokraten […] Malerei von Männern, die ihre Wäsche nicht wechseln und sich der guten Gesellschaft aufdrängen wollen; diese Kunst missfällt mir und ist mir widerlich.« Trotz dieser Haltung hatten die Künstler Erfolg mit ihren Landschaften: Sie verkauften sich gut und wurden auch im Salon ausgestellt. Aber mit der beschaulichen Ruhe im Wald von Fontainebleau war es vorbei, die Motive wurden zu Ausflugszielen: Mit Eröffnung der Bahnlinie von Paris nach Fontainebleau 1849 strömten die Städter aufs Land; im Jahr 1865 verzeichnete man am dortigen Bahnhof schon 300 000 Besucher. Es gab Reiseführer – sogar in Englisch –, die die schönsten Plätze verzeichneten. Die Schriftsteller Edmond und Jules Goncourt berichten 1852 von ihrem Ausflug an einen Ort, »wo jeder

Baum ein von einem Kreis von Malkästen umringtes Modell zu sein scheint.« Das erinnert sehr an heutige Instagram-Hotspots.

Das akademisch geprägte Publikum kritisierte insbesondere die skizzenhafte Ausführung der Gemälde. Vor allem Charles-François Daubigny stand im Fokus, denn er begnüge sich damit, »Impressionen« statt »richtiger« Gemälde zu schaffen; »richtig« im Sinne von ordentlich ausgeführt, ohne sichtbare Pinselstriche und mit glatter Oberfläche. Für seine Kritiker war Daubigny der »Anführer der Schule der Impression«.

Außerhalb der konservativen Kreise wurde der Begriff Impression eher neutral verwendet und meinte eben einen subjektiven Eindruck, eine atmosphärische Stimmung, die der Künstler eher skizzenhaft festhält. Das machten in der zweiten Hälfte des 19. Jahrhunderts mehrere Maler auch abseits der Schule von Barbizon, wie beispielsweise Eugène Boudin (1824–1898) und Johan Barthold Jongkind (1819–1891) in der Normandie. Boudin führte hier den jungen Claude Monet in die Pleinairmalerei ein und Jongkind lehrte ihn das »Sehen«: »Ihm verdanke ich die abschließende Erziehung meines Auges«, schildert es Monet später. Fortschrittlicher gesinnte Kritiker wie Jules-Antoine Castagnary (1830–1888) beschrieben Jongkind durchaus wohlwollend: »Ich liebe diesen Jongkind [...] er hat eine angeborene und seltene Sensibilität. Bei ihm liegt alles in der Impression.« Und Émile Zola beschrieb seine Malerei 1868 wie folgt: »Hier ist alles originär, das Handwerkliche, die Impression.« Der Begriff Impression war also nichts Neues mehr, als Leroy auf ihn zurückgriff, ganz im Gegenteil, gerade weil er eingeführt war, konnte er ihn gegen diese Künstler verwenden. Andere Kritiker sahen es aber eben auch anders, wie besagter Castagnary, der nur vier Tage nach Leroy schrieb: »Wenn wir sie mit einem Wort charakterisieren wollen, das sie erklärt, müssen wir den neuen Begriff Impressionisten schmieden. Impressionisten in dem Sinne, dass sie nicht eine Landschaft wiedergeben, sondern die von der Landschaft ausgelöste Empfindung.« Und das taten sie mit schnellen, kurzen Pinselstrichen, die erst mit einem gewissen Abstand betrachtet als der gemeinte Gegenstand erkannt werden. Derartige »impressionistische« Wirkungen haben auch schon Maler wie Tizian, Diego Velázquez oder auch Frans Hals erzielt. Bei ihnen reifte im Laufe ihrer künstlerischen Erfahrungen die Erkenntnis, dass man nicht alles zeigen muss, um etwas auszudrücken. Wenn Velázquez beispielsweise Seide malt, meint man sie aus der Entfernung deutlich als solche zu erkennen, beim näheren Hinsehen erweist sie sich allerdings als relativ grobe Pinselstriche und Farbflächen. Tritt man wieder zurück, erscheint die Seide erneut. Bei den alten Meistern beschränken sich diese Effekte meist nur auf bestimmte Bildpartien. Die Impressionisten waren die ersten, die dieses malerische Mittel auf das gesamte Bild anwendeten. Der Begriff Impressionismus setzte sich schließlich 1878 durch, als der Kunstkritiker Théodore Duret mit *Die impressionistischen Maler* eine erste Gesamtdarstellung dieser Kunst schrieb und das Wort in das französische Wörterbuch *Larousse* aufgenommen wurde.

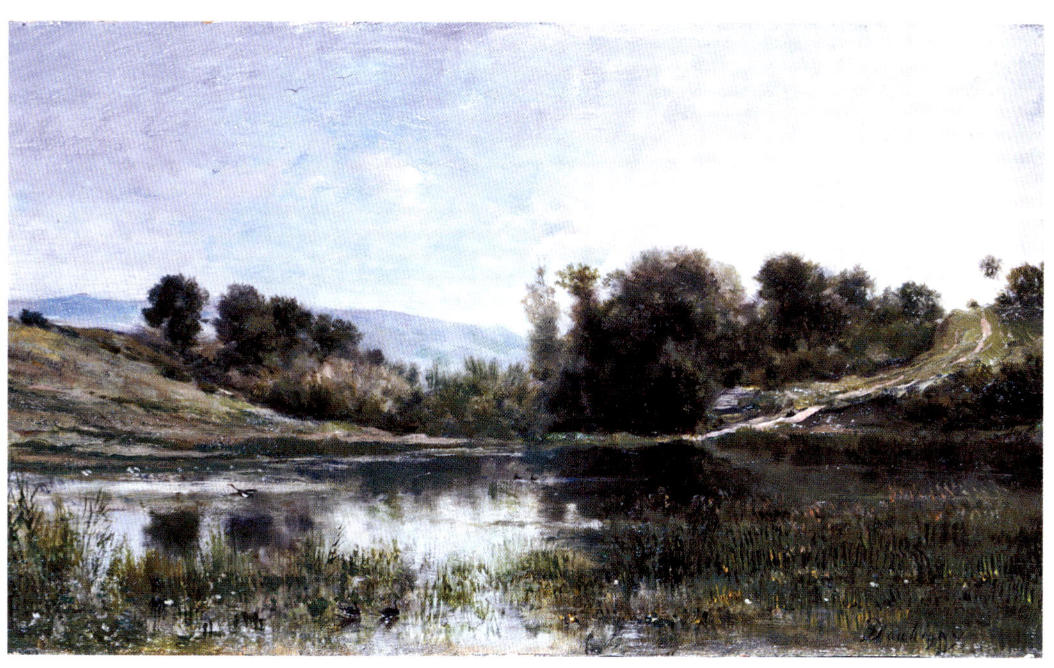

Charles-François Daubigny, *Der Teich von Gylieu*, 1854–1869, Detroit Institute of Arts

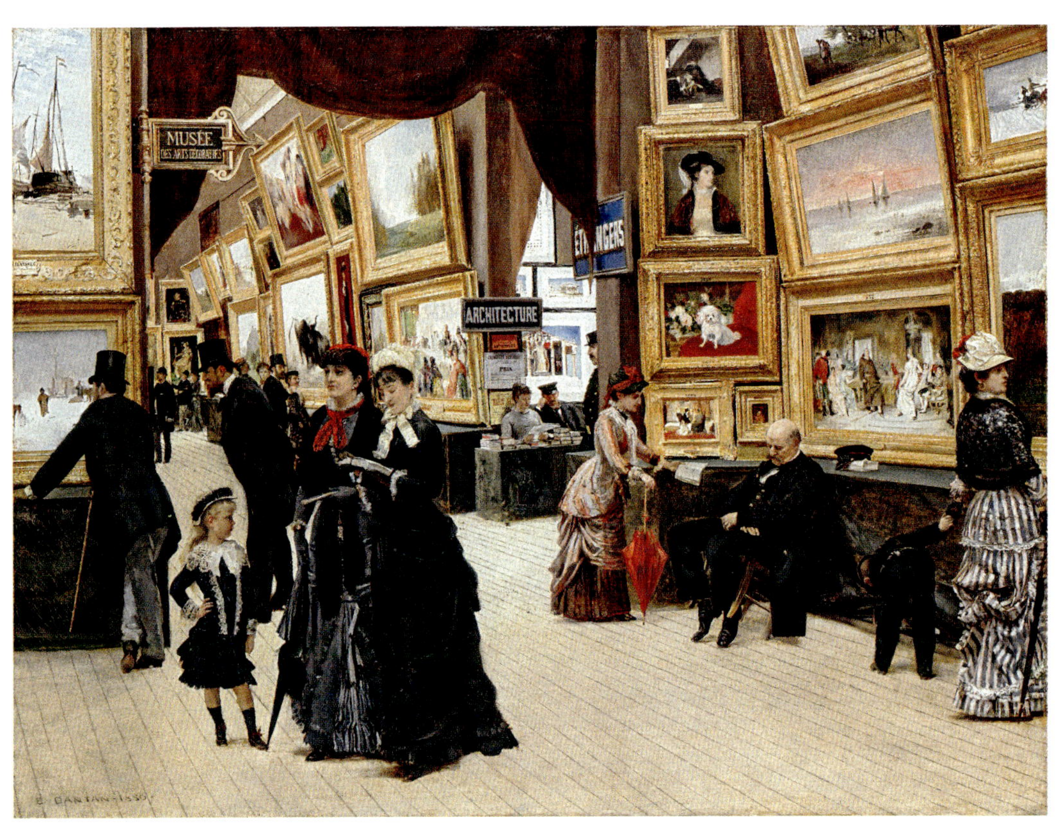

Édouard Joseph Dantan, *Eine Ecke des Salons 1880*, 1880, Sotheby's, New York

Was die Künstler der »Société anonyme«, die sich auch Les Indépendants (»die Unabhängigen«) nannten, allerdings nicht taten, war, ihre Ideen in einem Programm oder Manifest festzuschreiben. Sie waren mitnichten ein Zusammenschluss von Malern, die eine homogene Stilrichtung vertraten, sondern vielmehr eine Gruppe mehr oder weniger Gleichgesinnter, die vom offiziellen Kunstgeschehen frustriert waren. Ihre Ausstellung war daher nicht als Manifestation eines Stils gedacht – dazu waren die Werke der 30 Künstler viel zu unterschiedlich was Themen und Qualität betraf –, sondern als Konkurrenz und Protest gegen die offiziellen Veranstaltungen des Salons.

DER SALON

Dreh- und Angelpunkt der Kunst in Paris und ganz Frankreich war der besagte Salon. Er war eine Institution der Académie des Beaux-Arts, die einmal im Jahr eine Ausstellung organisierte, bei der sich alle Künstler mit ihren Werken präsentieren konnten. Ludwig XIV. initiierte 1667 die damals noch unregelmäßigen Ausstellungen, um den höfischen Kunstgeschmack zu propagieren. Seit 1752 fand die Ausstellung mit rund 60 Künstlern im Salon Carré des Louvre statt, was ihr die Bezeichnung als »Salon« einbrachte, die sich schließlich über die Jahrzehnte etablierte. Von ihr leitet sich der Begriff »Salonmaler« für die eher konservativen Vertreter der Künste ab. Über die Jahre vervielfachten sich die Teilnehmerzahlen. Zur Weltausstellung 1855 wurde der Salon in das neu errichtete Palais de l'Industrie verlegt, an dessen Stelle heute das Grand Palais steht. Der Höhepunkt war 1880 erreicht, als 7289 Werke im Salon gezeigt wurden (siehe Seite 16). In dieser schieren Masse an Kunstwerken die wirklich guten zu entdecken, zumal als Laie, war wahrscheinlich ein ähnlich aussichtsloses Unterfangen, wie es heute bei der Unmasse an Fotos auf Instagram ist.

Um den Bildermengen Herr zu werden, wurde eine Jury eingesetzt, die eine Auswahl der »würdigen« Kunstwerke treffen sollte. 1863 übertrieb man es damit allerdings: Von rund 5000 Werken von 3000 Künstlern wurden weit über 3000 von der durchweg konservativen Jury nicht zugelassen. Dieses Ausmaß an Ablehnung erzeugte erheblichen Widerwillen in Künstlerkreisen, und in der Stadt, für die der Salon eines der wichtigsten gesellschaftlichen Ereignisse war, rumorte es. Der Unmut erreichte auch Napoleon III. Um die Wogen zu glätten, beschloss man, auch die abgelehnten Werke auszustellen, damit das Publikum sich eine eigene Meinung zum Urteil der Salon-Jury bilden konnte. Der sogenannte Salon des Refusés, der »Salon der Abgewiesenen«, war ein einfaches und medienwirksames Mittel, einerseits die Künstler und das Publikum zu besänftigen und sich andererseits liberal und offen zu geben. Mitnichten hatte die Entscheidung für eine solche Ausstellung damit zu tun, dass der Kaiser sich für moderne Kunst interessierte. Ganz im Gegenteil: Während 1863 Édouard Manets *Frühstück im Grünen* (siehe Seite 19) abgewiesen wurde und im Salon des Refusés nicht zuletzt wegen der nackten Dame auf der Wiese verlacht und übelster Kritik ausgesetzt war, erwarb der Kaiser das Bild eines akademisch gemalten »Playboy-Models«, das Alexandre Cabanel (1823–1889) sich in der Gestalt der gerade geborenen Venus in der Meeresbrandung räkeln ließ (siehe Seite 20). Der Salon war immer wieder für Skandale gut und Manet war nicht nur einmal im Zentrum des Geschehens: Im Salon von 1865 wurde seine *Olympia* (siehe Seite 40/41) nur angenommen, weil die Jury nach dem Aufruhr von 1863 etwas liberaler zu Werke gehen wollte.

Der Salon war maßgeblich für die Sichtbarkeit der Künstler und den Verkauf ihrer Werke. Gerade für das Laien-Publikum war die Teilnahme eine erste und wichtige Empfehlung. Hier wurden aus Malern Stars oder sie blieben bei einer Ablehnung in der Masse der unbekannten Künstler hängen. Renoir beschrieb die diesbezügliche Bedeutung einer Salonteilnahme überspitzt in einem Brief an den Galeristen Paul Durand-Ruel (siehe Seite 28 ff.): »Es gibt in Paris kaum 15 Kunstfreunde, die fähig sind, einen außerhalb des Salons stehenden Maler anzuerkennen. Mindestens 80 000 aber kaufen jedes Stück Leinwand, wenn der Künstler im Salon vertreten ist.«

DIE KÜNSTLER I

Mit seiner neuartigen Malerei, die großes Aufsehen erregte, und durch seinen steten Kampf mit dem Salon wurde Édouard Manet (1832–1883) zum Vorbild der Maler, die später den Kern der Impressionisten bilden sollten: Claude Monet, Camille Pissarro, Auguste Renoir und Alfred Sisley (1839–1899). Die Impressionisten waren eine äußerst heterogene Gruppe von Individualisten, die trotz wesentlicher Unterschiede, Konflikte und Diskussionen zusammen viel erreicht haben; mehr als es jedem alleine möglich gewesen wäre.

Die meisten lernten sich im Atelier des anerkannten Akademieprofessors Charles Gleyre (1806–1874) kennen, der seinen Schülern ihre eigenen Ideen ließ und nur wenig korrigierte. Hier konnten sie sich frei ausprobieren. Monet, Renoir, Sisley und Pissarro einte neben der »unakademischen« Ausbildung die Tatsache, dass sie nicht gerade begütert waren. Ihre Eltern waren einfache Handwerker und Händler. Claude Monet (1841–1926), gebürtiger Pariser, der in Le Havre aufwuchs, fiel in der Schule durch Karikaturen der Lehrer künstlerisch auf und konnte schon mit 15 damit Geld verdienen. Er wurde später von seiner Tante unterstützt. Durch Eugène Boudin machte er Bekanntschaft mit der Pleinairmalerei und beschloss daraufhin, Maler zu werden. 1860 ging er nach Paris und lernte an der Académie Suisse Camille Pissarro (1831–1903) kennen. Bei dieser »Akademie« handelte es sich im Prinzip nur um das Atelier des ehemaligen Modells Charles »Père« Suisse, in dem die Maler für wenig Geld gemeinsam Aktstudien machen konnten. Pissarro hatte den wohl weitesten Weg nach Paris zurückgelegt, wurde er doch auf der dänisch-westindischen Karibikinsel Saint Thomas geboren. Seine dänische Staatsbürgerschaft behielt er zeitlebens. Nach einem Internatsaufenthalt in Paris von 1842 bis 1847 ging er zurück in die Karibik und lernte dort den dänischen Künstler Fritz Melbye kennen, der ihn überzeugte, ebenfalls Maler zu werden. Nach gemeinsamen Reisen, unter anderem nach Haiti und

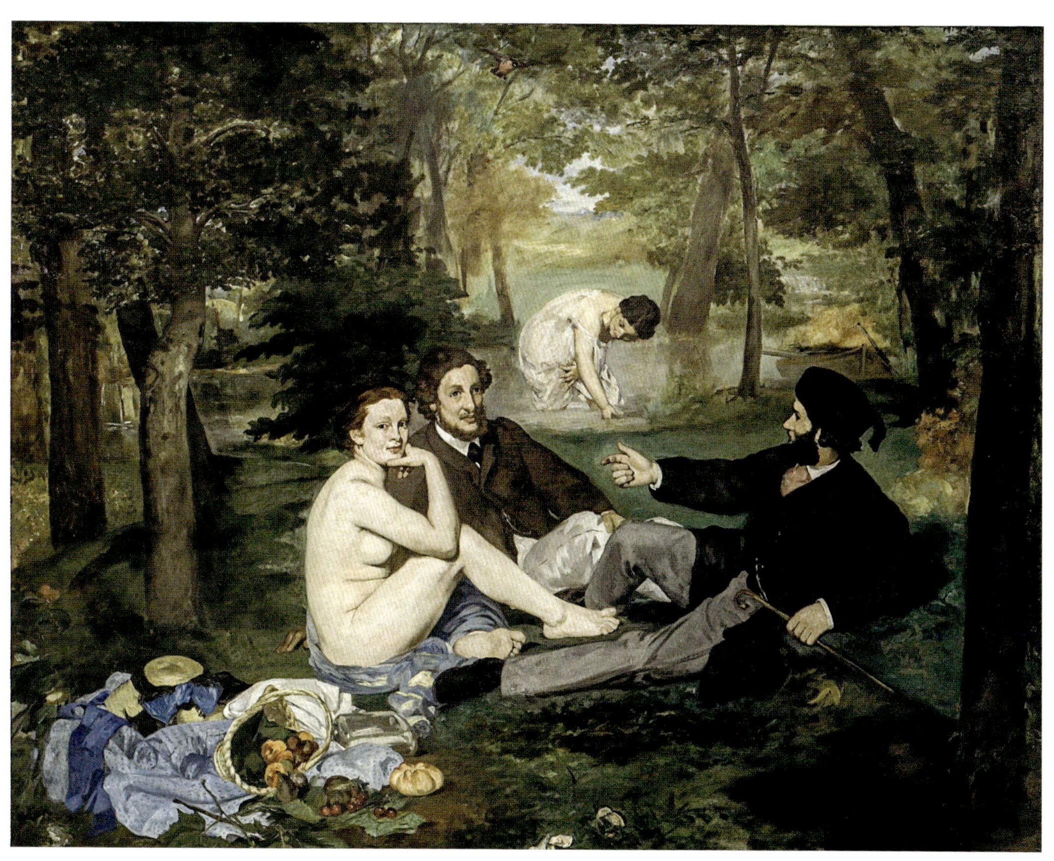

Édouard Manet, *Das Frühstück im Grünen*, 1863, Musée d'Orsay, Paris

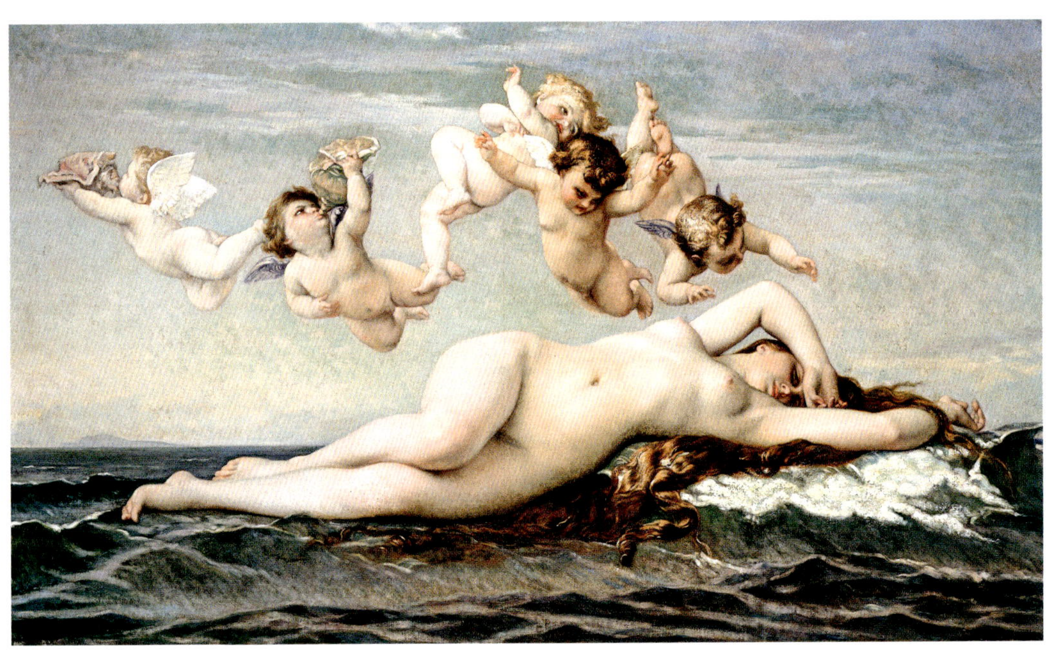

Alexandre Cabanel, *Die Geburt der Venus*, 1863, Musée d'Orsay, Paris

Venezuela, kam Pissarro 1855 wieder nach Paris, wo er 1857 Camille Corot kennenlernte, der ihn an die Pleinairmalerei heranführte. Schon 1858 stellte Pissarro zum ersten Mal im Salon aus. Alfred Sisley (1839–1899) wurde als Sohn eines englischen Textilkaufmanns in Paris geboren und lernte das kaufmännische Handwerk in England, wo er sich mit den Werken John Constables und William Turners (siehe Seite 23) beschäftigte. 1860 kehrte er mit dem Wunsch Maler zu werden nach Paris zurück und lernte die anderen im Atelier Gleyre kennen. Im Jahr darauf fing dort auch Auguste Renoir (1841–1919) an, der in Limoges als Schneidersohn geboren worden und mit drei Jahren mit seiner Familie nach Paris gekommen war. Er absolvierte ab 1854 eine Lehre als Porzellanmaler, was ihm eine flinke Hand bescherte und ein besonderes Interesse für die Maler des Rokoko, wie Antoine Watteau, Jean-Honoré Fragonard und François Boucher, entwickeln ließ. Zu ihnen stieß 1862 schließlich noch Frédéric Bazille (1841–1870) aus Montpellier, der in Paris zunächst Medizin studierte, diese dann aber zugunsten der Malerei aufgab. Diese Entscheidung mag ihm vielleicht leichter als den anderen gefallen sein, denn er stammte aus begütertem Hause.

Neben der Arbeit im Atelier Gleyre zogen die jungen Künstler wie ihre Vorbilder der Schule von Barbizon in die Wälder von Fontainebleau. Sie waren die Generation von Malern, die mit allen inzwischen vorhandenen neuen Möglichkeiten aufgewachsen war und sie ganz selbstverständlich einsetzte: wiederverschließbare Farbtuben, neuartige Flachpinsel, neue, chemisch entwickelte Farben, transportable Staffeleien und günstige, weil vorgefertigte und vorgrundierte Leinwände in genormten Größen; und natürlich die Eisenbahn, die es ermöglichte, schnell und einfach aufs Land zu kommen.

Das Kopieren von Meisterwerken im Louvre war eine weitere wichtige Lektion. Renoir erklärte die Leidenschaft der Künstler für die Museen folgendermaßen: »Im Museum lernt man malen [...] ich meine damit nicht, man soll den Firniss von den Bildern kratzen, um ihnen ihre Kunstgriffe zu stehlen und die Rubens oder Raffaels noch einmal zu machen. Man muss die Malerei seiner eigenen Zeit machen. Aber im Museum findet man den Geschmack an der Malerei, den die Natur alleine nicht geben kann. Man sagt nicht vor einer schönen Landschaft: ›ich will Maler werden‹, sondern vor einem Gemälde.«

Das Kopieren war auch eine Grundlage der Kunst von Édouard Manet und Edgar Degas (1834–1917) und der Louvre der Ort, an dem die beiden sich zum ersten Mal begegneten. Manet gehörte wie Degas der wohlhabenden Pariser Bourgeoisie an und lernte 1850 bis 1856 im Atelier des bekannten Salonmalers Thomas Couture. Manet war der klassische Flaneur und pflegte enge Freundschaften nicht nur zu Malern, sondern auch zu Literaten, wie beispielsweise Charles Baudelaire (1821–1867) und Émile Zola (1840–1902), die beide zu wichtigen Verbündeten im Kampf um die neue Malerei wurden. Von Charles Baudelaire stammt die Definition, was einen modernen Künstler ausmachen sollte: »Der Maler, der wahre Maler, wird derjenige sein, der dem gegenwärtigen Leben seine epische Seite abzugewinnen versteht, der uns mit Farbe und Zeichnung sehen und begreifen lässt, wie groß wir sind und wie poetisch in unseren Halsbinden und Lackstiefeln.« Das Epische steckt in vielen Bildern Manets, oft in Konstellationen, die mitunter schwer zu dechiffrieren sind. Manet, der durch Reisen nach Italien und Spanien von der Kunst der Renaissance und des Barock geprägt war, versuchte, traditionelle Kompositionen mit modernen Mitteln in seine Zeit zu übertragen, was ihm, geht man von der Aufregung aus, die das beim Publikum öfter ausgelöst hat, zumindest nicht immer gelang – man denke nur an *Das Frühstück im Grünen* und *Olympia*.

Klassische Kompositionen findet man bei Edgar Degas so gut wie überhaupt nicht, obwohl gerade er ein wandelndes Lexikon klassischer Malerei gewesen sein muss. Sein Vorbild war Ingres, der Grandseigneur der Linie, den er 1855 kennenlernte und der ihm riet: »Zeichnen Sie Linien, junger Mann, viele Linien aus dem Gedächtnis, und nach der Natur, so werden sie ein guter Künstler werden.« Degas studierte an der École des Beaux-Arts in Paris – wenn auch nur ein Jahr – und reiste von 1856 bis 1859 durch Italien, wo er nicht nur seine weitverzweigte Verwandtschaft besuchte, sondern vor allem in den wichtigen Museen die Meisterwerke der italienischen Kunst von Neapel bis Venedig studierte. Bis 1860 hatte er rund 700 Zeichnungen von der italienischen Frührenaissance bis zum französischen Klassizismus angefertigt. Dazu notierte er sich Listen von Motiven, Begebenheiten und Situationen, die er malen wollte.

So lernten sich nach und nach alle Maler kennen, die man später Impressionisten nennen sollte. Die Gruppe, die sich über die Zeit locker formierte, traf sich regelmäßig im Café Guerbois im Stadtteil Quartier des Batignolles, wo die meisten ihre Ateliers hatten, weswegen sie auch bald die Batignolles-Gruppe genannt wurden, für deren »Haupt« man Manet hielt. Henri Fantin-Latour porträtierte sie 1870 in seinem Atelier – Revolutionäre stellt man sich anders vor (siehe Seite 24).

Für die Pariser Kulturszene spielten Cafés eine nicht zu unterschätzende Rolle. Was unter Umständen auch daran lag, dass sie gemütlicher waren als viele der Wohnungen, die sich die Künstler damals leisten konnten. Im Café diskutierten die Maler ihre unterschiedlichen Ansätze und Ansichten. Monet erzählte später: »Nichts war interessanter als diese Wortgefechte. Sie schärften unseren Geist, erfüllten uns mit Begeisterung, die wochenlang anhielt, bis eine Idee endgültig Form gewann. Wir verließen das Lokal mit gestärktem Willen, klaren Gedanken und gehobener Stimmung.« Apropos Cafés: Renoir wurde immer wieder von Cafébesitzern engagiert, um die Wände ihrer Etablissements zu gestalten: »Etwa 20 Cafés habe ich in Paris ausgemalt [...]. Noch heute würde ich gerne Dekorationen malen wie Boucher, ganze Wände in einen Olymp verwandeln.«

Berthe Morisot (1841–1895), ebenfalls aus begütertem Hause stammend, erhielt mit ihrer Schwester Edma zusammen privaten Zeichenunterricht. Sie kamen allerdings nicht ins Café Guerbois, denn das ziemte sich nicht für Damen der Gesellschaft. Auch war Frauen die Aufnahme in die Akademie

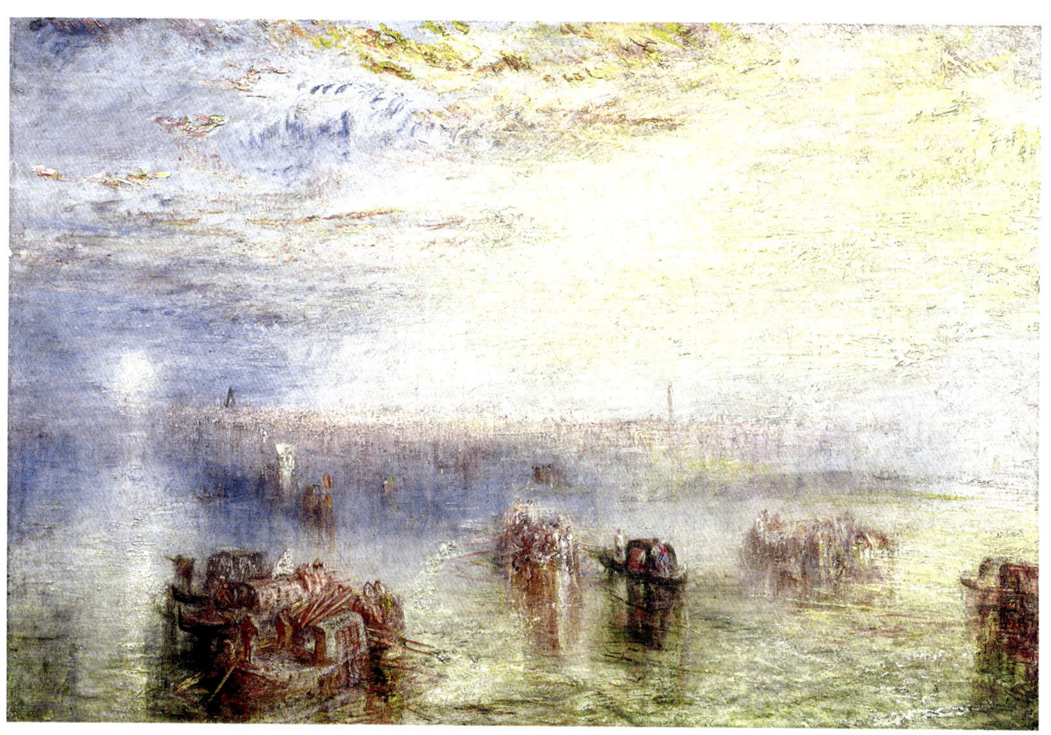

Joseph Mallord William Turner, *Ankunft in Venedig*, 1844, National Gallery of Art, Washington

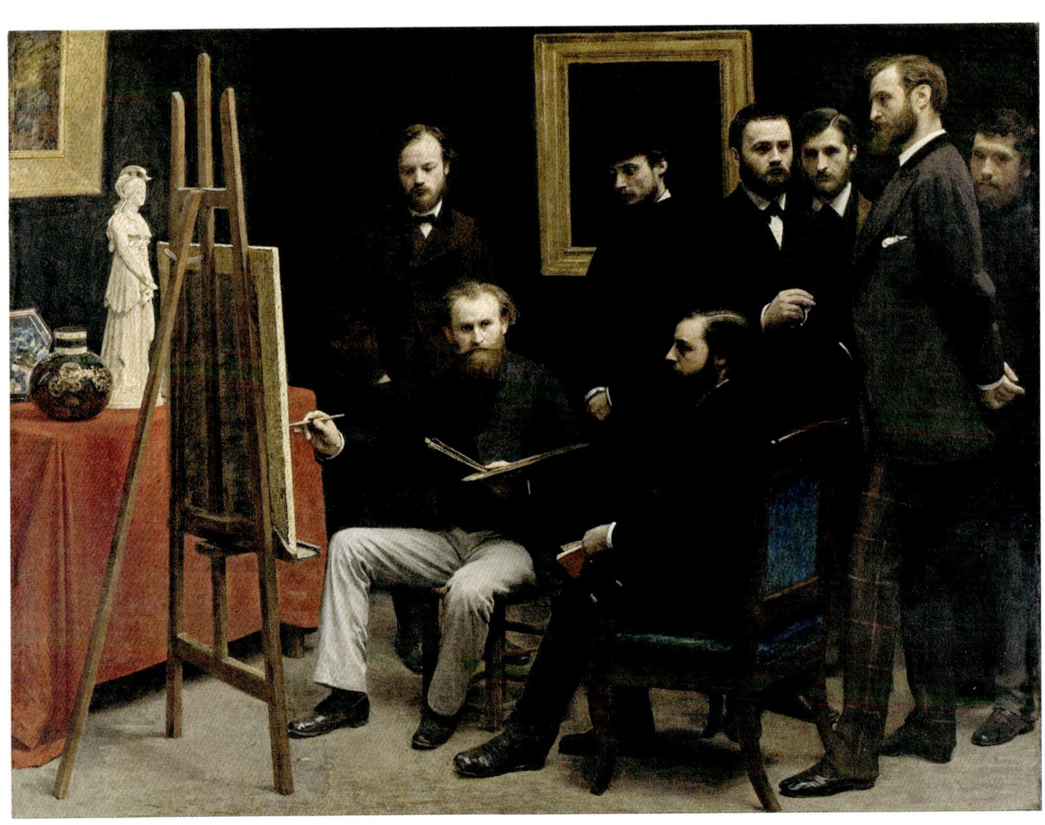

Henri Fantin-Latour, *Atelier in Batignolles* (Manet malt Zacharie Astruc; dahinter Émile Zola, Edmond Maître und die Maler Bazille, Monet, Renoir & Otto Scholderer), 1870, Musée d'Orsay, Paris

noch verwehrt. Die Pariser École des Beaux-Arts sollte 1897 die erste Kunstakademie Frankreichs sein, die Frauen zum Unterricht zuließ. 1860 wurden die Schwestern Schülerinnen Camille Corots, der ihren Eltern Folgendes zu bedenken gab: »Bei Charakteren wie die Ihrer Töchter, wird mein Unterricht sie zu Malerinnen machen und nicht zu unbedeutenden, talentierten Amateurinnen. Ist Ihnen bewusst, was das bedeutet? In der Welt, in der Sie sich bewegen, ist dies eine Revolution, ich würde sogar sagen, eine Katastrophe!« Es wird keine Katastrophe. Morisot stellt ab 1864 bis 1873 regelmäßig im Salon aus und lernt 1868 Manet kennen, dem sie häufig Modell sitzt. Seinen Bruder Eugène heiratet sie 1874. Sie ist die einzige Frau, die an der ersten Impressionisten-Ausstellung teilnimmt und lässt von allen acht nur eine wegen der Geburt ihrer Tochter ausfallen. Ihre Malweise hat bisweilen eine Kühnheit, die der ihrer Kollegen in nichts nachsteht, ganz im Gegenteil.

DIE STADT

Der Impressionismus ist eine Pariser Erfindung, die es vielleicht nur hier und zu dieser Zeit geben konnte. Paris war das Zentrum der Kunst und Wissenschaft und wie kaum eine andere Stadt im 19. Jahrhundert radikalen Veränderungen unterworfen. Die Bevölkerungszahl stieg sprunghaft an. Lebten zu Beginn des Jahrhunderts noch 548 000 Menschen in Paris, waren es um 1850 eine Million und um 1900 schon 2,5 Millionen. Dieser Entwicklung konnte die mittelalterliche Infrastruktur nicht standhalten und stieß in der Mitte des Jahrhunderts an ihre Grenzen. Den letzten Ausschlag für eine grundlegende Veränderung und Erneuerung von Paris gaben die Choleraepidemien der Jahre 1832 und 1849, denen vor allem in den dicht besiedelten Innenstadtvierteln tausende Bürger zum Opfer fielen.

Kaiser Napoleon III. entschied, die Metropole einer umfassenden Modernisierung zu unterziehen. Er beauftragte den Stadtplaner und Präfekten Georges-Eugène Haussmann (1809–1891) damit und dieser setzte ab 1853 sein radikales Stadtumbauprojekt gegen viele Widerstände in die Tat um. Nach seiner Absetzung im Januar 1870 war es noch lange nicht vollendet. Große Teile der mittelalterlichen Viertel wurden abgerissen. In ganz Paris verschwanden alte Häuser und enge Gassen und wurden durch Wohnblocks und Kaufhäuser mit einheitlicher Fassadengestaltung sowie großzügige Boulevards ersetzt. Haussmann schlug weite Schneisen durch die Stadt. Es entstanden große, sternförmig angelegte Plätze, von denen ausgehend sich die breiten Boulevards durch die Stadt ziehen. Bei den Künstlern und Literaten kamen viele der Umbaumaßnahmen gut an. Émile Zola schrieb in seinem 1871 erschienen Roman *Die Beute*: »Diese neue Schneise [...], die strömende Menschenmenge, mit dem Geräusch ihrer Sohlen und ihrem Stimmengewirr erfüllten die beiden nach und nach mit unbedingter, ungemischter Freude, mit dem Eindruck der Vortrefflichkeit des Straßenlebens.« Ebenso wie der Autor waren auch die Maler offensichtlich von den neuen Straßen – immerhin wurden 150 Kilometer davon in Paris gebaut – angetan. Pissarro und Monet malten das Gewusel der Menschen auf den Boulevards mit dem Blick von oben (siehe Seite 58/59 und 106/107). Gustave Caillebotte dagegen ging auf die Straße und schuf verblüffende Ansichten aus der Fußgängerperspektive (siehe Seite 78/79). Darüber hinaus wurden Grünanlagen und Parks wie der Bois de Vincennes und der Bois de Boulogne nach dem Vorbild des Londoner Hyde Parks angelegt. Ebenfalls nach englischem Vorbild wurde 1857 die Pferderennbahn Longchamp im Bois de Boulogne eröffnet, die für Edgar Degas eine Vielzahl an Motiven bot (siehe Seite 46/47).

1855 fand die erste Weltausstellung in Paris statt und zog 5 Millionen Besucher in ihren Bann. 1867, 1878, 1889 und 1900 wurde das Ereignis wiederholt und sorgte dabei stets für eine Weiterentwicklung der Stadt. Der Eiffelturm von 1889 dürfte dafür das berühmteste Beispiel sein. Das Palais de l'Industrie, in dem seit 1855 der Salon stattfand, wurde 1897 abgerissen und an seiner Stelle das Grand Palais errichtet.

1860 wird Paris durch die Eingemeindung der umliegenden Vororte erweitert, darunter auch das Dorf Montmartre am gleichnamigen Hügel im Norden der Stadt. Es war eine ländliche Gegend, die von Gemüsegärten, einfachen Häusern und den alten Mühlen bestimmt wurde. Hier fanden viele Menschen die bezahlbaren Wohnungen, die es nach dem Umbau durch Haussmann in der Altstadt nicht mehr gab. 1876, als mit dem Bau von Sacré-Cœur zum Gedenken der Opfer des Krieges begonnen wurde, wohnte Auguste Renoir in der Rue Cortot am Montmartre, ein paar hundert Meter entfernt von der Moulin de la Galette (siehe Seite 72/73).

Der junge Gustave Caillebotte lebte mit seinen Eltern und Brüdern nördlich des Champs-Élysée im Quartier de l'Europe, dessen Zentrum der sternförmige Place de l'Europe bildet. Auch hier wurde massiv umgebaut, und Caillebotte bekam das hautnah mit. Der Gare Saint-Lazare im Südosten des Viertels wurde zwischen 1842 und 1853 um- und ausgebaut, ebenso wie die Straßen und Brücken der Umgebung. Hier fand Caillebotte immer wieder überraschende Motive (siehe Seite 78/79), und Monet schuf hier die berühmten Gemälde der mit Rauch und Dampf erfüllten Bahnhofshalle, für die er den Bahnhofsvorsteher angeblich überredete, die Lokomotiven länger und stärker dampfen zu lassen. Bis 1869 wurden in Frankreich 17 500 Kilometer Schienen verlegt. Das veränderte nicht nur das Land strukturell, sondern auch das urbane Leben. Denn die Möglichkeit, auf schnellem Wege aus der Stadt zu kommen, hatte Einfluss auf das Verhalten der Menschen, die nun in ihrer Freizeit – ebenfalls eine relativ neue Erscheinung – aufs Land fahren konnten. Das galt auch für die Maler, die sich jetzt eher nach Westen orientierten. Ziele waren Dörfer entlang der Seine wie Bougival mit dem Ausflugslokal La Grenouillère (siehe Seite 27), Louveciennes oder Argenteuil, die zu attraktiven Freizeitstätten wurden. Baden, Rudern und Segeln standen hoch im Kurs. Das waren die Motive des modernen alltäglichen Lebens, die die Impressionisten für sich entdeckten. Damit wollten sie auch den Geschmack der neuen Mittelklasse

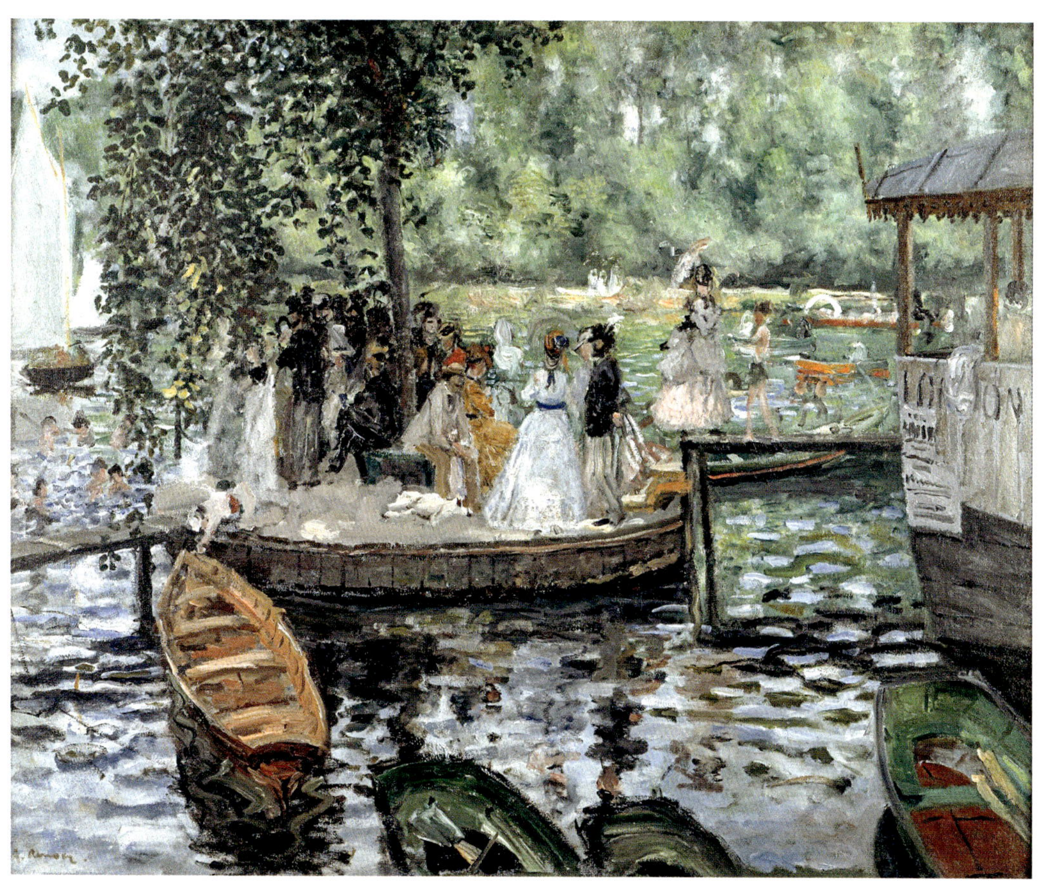

Auguste Renoir, *La Grenouillère*, 1869, Nationalmuseum, Stockholm

treffen, von der sie annahmen, dass die sich lieber Bilder ihres eigenen Lebensumfeldes in ihre Wohnungen hängten als die des Alten Testaments. Darin lag allerdings auch ein hohes Frustpotenzial, denn noch wurde die neue Kunst von der ebenso neuen Bourgeoisie kaum geschätzt und verstanden.

DER GALERIST

Außergewöhnliche Künstler haben außerordentliche Talente; woran es vielen von ihnen allerdings mangelt, ist das Talent, sich erfolgreich zu vermarkten. Die Impressionisten hatten das Glück, Paul Durand-Ruel (1831–1922; siehe rechts) kennenzulernen, dessen Eltern ein Schreibwaren- und Kunstbedarfsgeschäft besaßen, in dem sie auch Künstlern die Gelegenheit gaben, ihre Werke zu präsentieren. Nach und nach wurde das Geschäft zum Treffpunkt für Künstler und Sammler und Vater Jean entschied sich, es in eine Galerie umzuwandeln. Er spezialisierte sich auf die Maler der Schule von Barbizon um Camille Corot und Charles-François Daubigny. Nach dem Tod des Vaters übernahm Paul Durand-Ruel 1865 die Galerie. Nachdem die Landschaftsmalerei sich inzwischen im Salon und auf dem Kunstmarkt neben den anderen Gattungen einigermaßen etabliert hatte, suchte der noch junge Galerist nach Künstlern, die an die Erfolge dieser Pioniere anknüpfen konnten. Als 1870 der Deutsch-Französische Krieg ausbrach, floh er nach London und eröffnete in der New Bond Street eine Galerie. Auch Claude Monet und Camille Pissarro entzogen sich dem

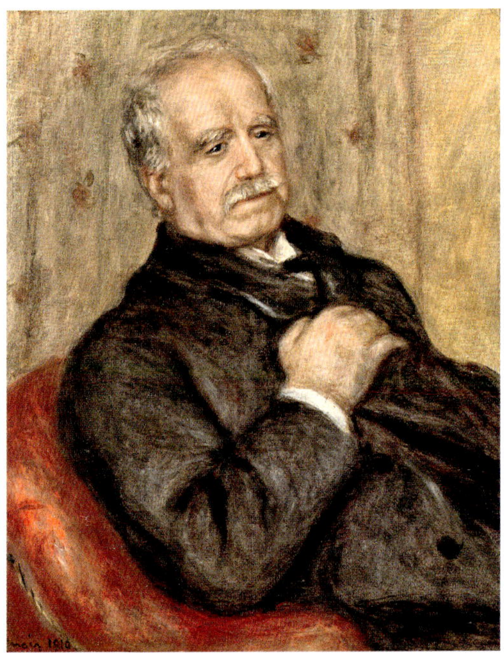

Auguste Renoir, *Porträt Paul Durand-Ruel*, 1910, Musée du Luxembourg, Paris

Krieg und gingen nach London, wo sie die folgenreiche Bekanntschaft mit Durand-Ruel machten. Der Galerist kaufte schon bald Bilder (siehe Seite 29) der beiden und stellte sie aus. 1872 kam Durand-Ruel zurück nach Paris und begann, die Künstler des Kreises um Monet und Pissarro systematisch zu fördern. Er zahlte ihnen eine Art monatliches Gehalt und nahm die meisten ihrer

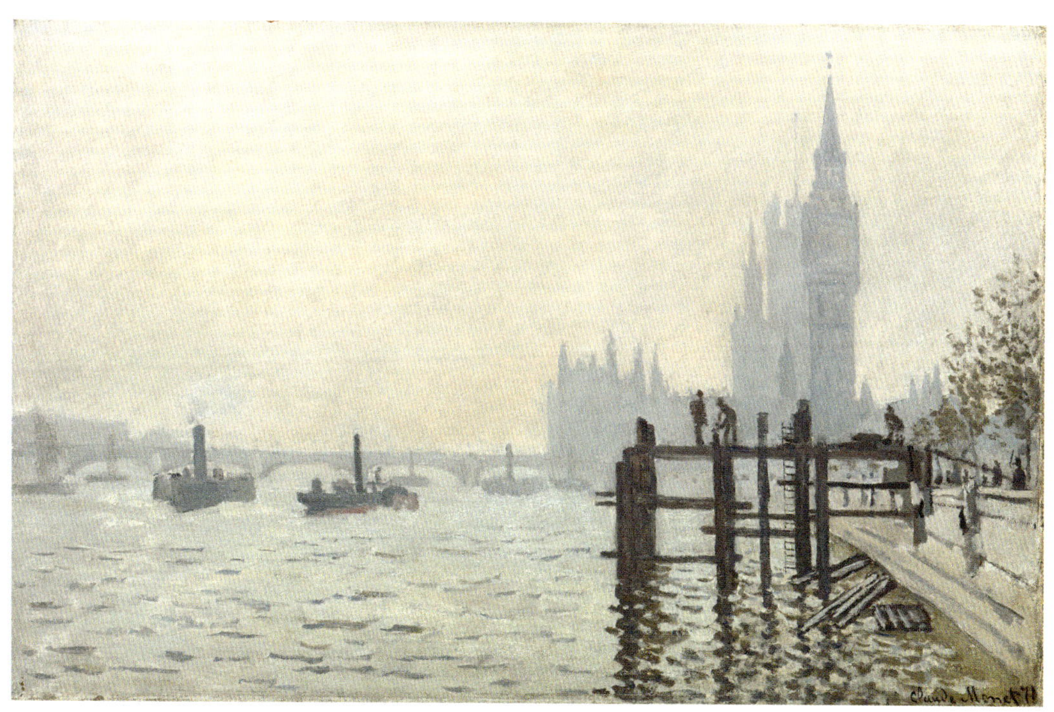

Claude Monet, *Die Themse unterhalb von Westminster*, um 1871, The National Gallery, London

Bilder ab, obwohl er immer wieder Schwierigkeiten hatte, sie weiterzuverkaufen. Trotzdem erwirbt er von Manet 23 Gemälde für 35 000 Franc und weiterhin das meiste, was Renoir, Monet, Degas, Pissarro, Sisley, Morisot und spätere Impressionisten produzieren. Allein Monet nimmt 1872 rund 12 000 Franc durch Verkäufe ein und im nächsten Jahr fast das doppelte. Durand-Ruel führt in seiner Galerie auch Neuerungen ein, um die Verkäufe zu steigern: Er organisiert Einzelausstellungen seiner Künstler und behängt die Galeriewände nicht mehr flächendeckend mit Bildern wie im Salon, sondern präsentiert sie in Augenhöhe nebeneinander, wodurch die einzelnen Werke besser zur Geltung kommen. Zudem ist der Eintritt in seine Galerie kostenfrei, was damals unüblich war. 1873 lässt Durand-Ruel einen dreibändigen Verkaufskatalog mit 300 Reproduktionen aller seiner Künstler von Delacroix bis Renoir drucken, um den Umsatz anzukurbeln: Er knüpft Kontakte zu Direktoren internationaler Museen und organisiert Ausstellungen in Berlin, Rotterdam, Brüssel und Boston. Trotz aller Bemühungen hat es der Galerist schwer und verkauft manchmal gar nichts. Als 1882 die Pariser Börse zusammenbricht und Frankreich infolgedessen seine schlimmste Wirtschaftskrise im 19. Jahrhundert erlebt, scheint das gesamte Geschäft ruiniert zu sein. Paul Durand-Ruel sitzt auf rund 300 unverkauften Gemälden. Die einzige Chance, die er sieht, liegt jenseits des Atlantiks. Immerhin kamen in dieser Zeit jährlich rund tausend Künstler, ein Drittel davon Frauen, aus den USA nach Paris, um hier zu studieren. Durch die Vermittlung von Mary Cassatt (siehe Seite 86) erhält Durand-Ruel 1886 eine Einladung der American Art Association und organisiert Ausstellungen in New York, Boston, Minneapolis und Chicago. Tausende Besucher strömen herbei und das von den Traditionen der Akademien freie amerikanische Publikum begegnet den Impressionisten unvoreingenommener als die Europäer. Durand-Ruel ist begeistert und schreibt an Fantin-Latour: »Denken Sie nicht, dass die Amerikaner Wilde sind. Sie sind im Gegenteil gebildeter und selbstständiger als unsere französischen Sammler.« Und sie kaufen! Betuchte Sammlerinnen interessieren sich für die aktuelle französische Kunst. Louisine W. Havemeyer, eine Freundin von Mary Cassatt, alleine erwirbt mit der Zeit eine Sammlung von über 100 Gemälden. Diese USA-Aktion bringt den Durchbruch für den mutigen und ausdauernden Galeristen und »seine« Impressionisten. Die Verkäufe in den USA lassen auch die Preise in Europa steigen und sorgen für mehr Anerkennung in Frankreich. Nur eines konnte Durand-Ruel nicht verhindern: Die Impressionisten waren, um sich auch dadurch von den Traditionalisten zu unterscheiden, dazu übergegangen, ihre Bilder in schlichten weißen Rahmen statt der goldstuckierten Prunkrahmen zu zeigen. Das wiederum gefiel den amerikanischen Kunden nicht. Denn wenn sie schon Kunst aus Frankreich kauften, sollte diese auch entsprechend prachtvoll präsentiert werden. Und so bekamen die impressionistischen Gemälde doch wieder die bei den Künstlern so ungeliebten Goldrahmen, die man jetzt paradoxerweise »impressionistische Rahmen« nannte. 1887 eröffnete Durand-Ruel eine eigene Galerie in New York, die von seinen Söhnen geleitet wurde. In Paris veranstaltete er in seinem Haus in der Rue de Rome regelmäßige Soireen, bei denen er die neuesten Werke seiner Künstler präsentierte.

Paul Durand-Ruel hat den Impressionisten durch seine unermüdlichen Bemühungen und seinem wagemutigen und optimistischen Einsatz zum finanziellen und auch zum künstlerischen Durchbruch verholfen und wurde zum Vorreiter jener Galeristen, die ihre Künstler langfristig systematisch fördern, aufbauen und vermarkten. Insgesamt hat Durand-Ruel über 200 Ausstellungen organisiert und um die 12 000 Gemälde verkauft. Man schätzt, dass rund ein Drittel aller impressionistischen Gemälde zuerst in seinen Galerien

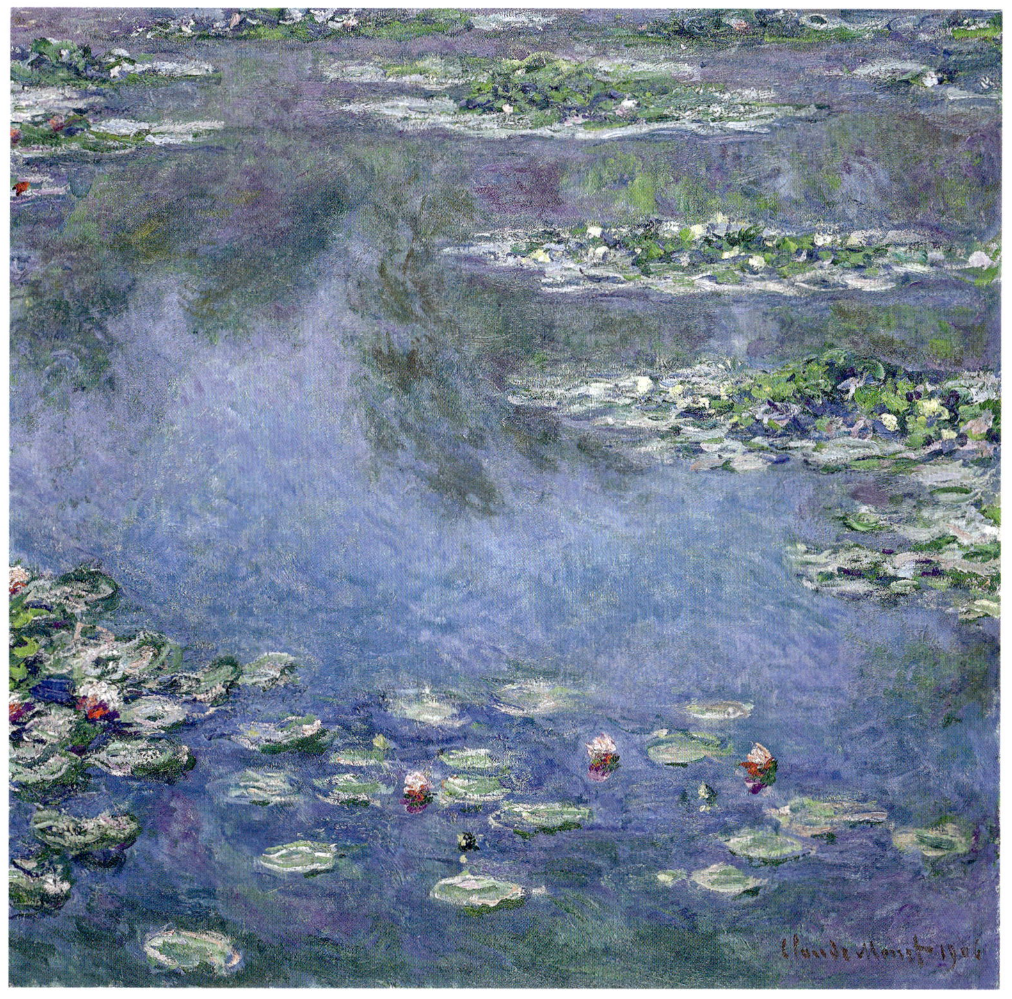

Claude Monet, *Seerosen*, 1906, The Art Institute of Chicago

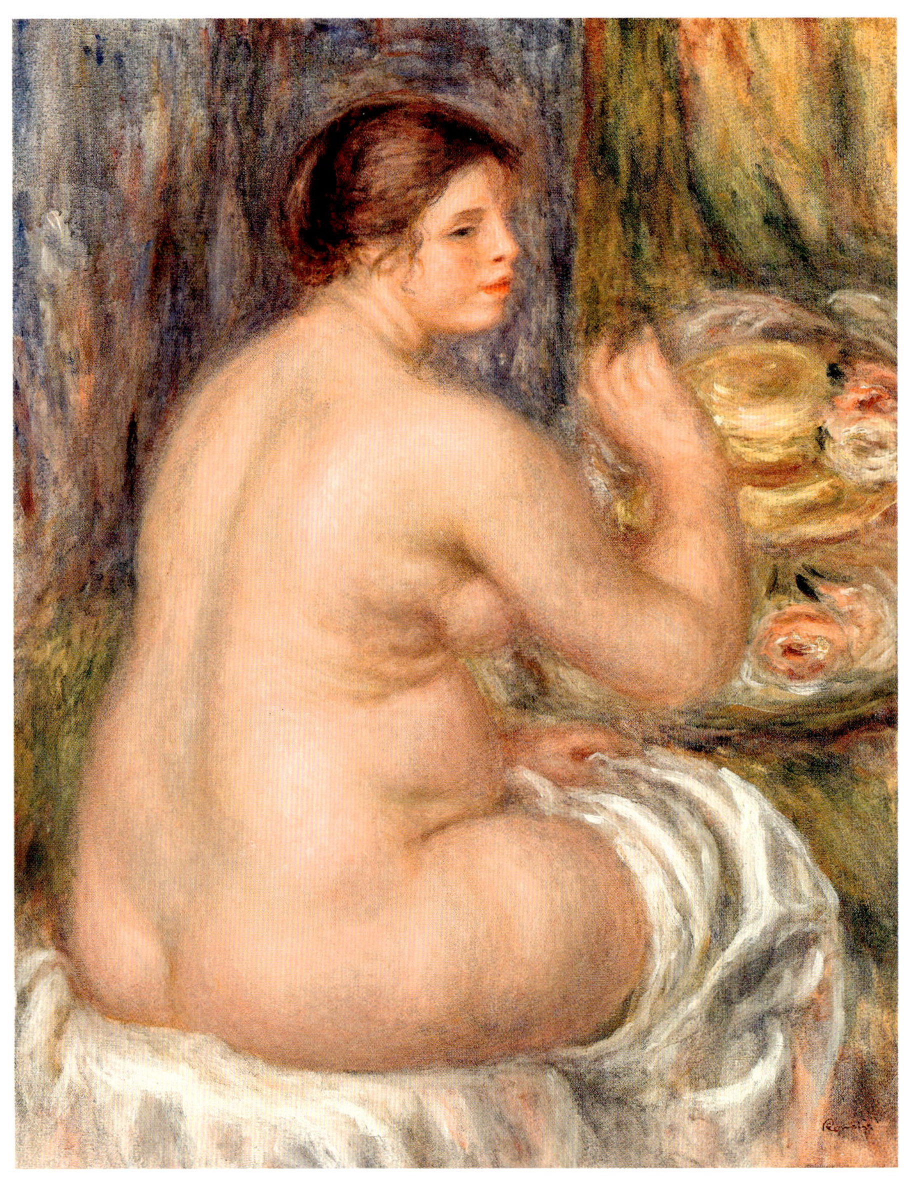

Auguste Renoir, *Akt Rückenansicht (Nu de dos)*, 1917, Barnes Foundation, Philadelphia

verkauft wurde. Claude Monet beschrieb die Bedeutung Paul Durand-Ruels 1924 mit den schlichten Worten: »Ohne Durand wären wir verhungert, wir Impressionisten alle. Wir verdanken ihm alles.«

DIE KÜNSTLER II

Nach 1874 folgten bis 1886 sieben weitere Ausstellungen, die die Künstler organisierten. Für die zweite, die 1876 stattfand, lud Renoir Gustave Caillebotte (1848–1894) ein, der seine Kollegen bereits 1873 in Argenteuil kennengelernt hatte. Caillebotte stammte aus einer wohlhabenden Familie und war durch das Erbe, das ihm seine Eltern hinterließen, finanziell unabhängig. Er unterstützte seine Malerfreunde, indem er ihnen oftmals die Miete und das Material zahlte und vor allem viele Bilder kaufte – und das schon seit der ersten Ausstellung. Als er 1894 starb, hinterließ er eine bedeutende Sammlung von 68 Gemälden, die dem Staat Frankreich für das Musée du Luxembourg und später dem Louvre vermacht werden sollte. Besonders wichtig war es ihm dabei, dass die Sammlung als Ganzes bestehen bleiben sollte. Auguste Renoir verhandelte als Nachlassverwalter mit den Institutionen, die nicht allzu begeistert waren, denn diese neue Malerei traf bei den konservativen staatlichen Kreisen immer noch auf einigen Widerstand. 1896 gelang es Renoir dennoch, gegen den offiziellen Protest der Académie des Beaux-Arts, 40 Bilder der Sammlung in das Musée du Luxembourg überführen zu lassen. Die restlichen Werke wurden wiederholt dem Staat angetragen, der aber aus den bekannten Gründen ablehnte; so wurden sie über die ganze Welt verstreut. Die Sammlung Caillebottes bildet auch den Grundstock der Impressionistensammlung des Musée d'Orsay.

Die dritte Ausstellung fand 1877 statt. Caillebotte hatte sie organisiert und die Räume auf eigene Kosten angemietet. Sein Gemälde *Straße in Paris bei Regen* (siehe Seite 78/79) wurde zum Ereignis. Renoir zeigte seinen *Tanz im Moulin de la Galette* und Monet *Der Bahnhof von Saint-Lazare*. Diese Ausstellung gilt als die gelungenste und einheitlichste. Bei der Ausstellung 1879 kamen zwei neue Künstler dazu: Paul Gauguin (1848–1903) und Mary Cassatt (1844–1926). Cassatt hatte in den USA studiert, kam 1874 nach Paris und stellte gleich im Salon aus. Dort wurde Degas auf ihre Bilder aufmerksam und lud sie ein, der Gruppe beizutreten. »Ich habe mit Freude angenommen. Ich lehnte die konventionelle Kunst ab. Ich fing an zu leben.« Ihre Themen waren, damals geschlechtstypisch, Mütter und Kinder, aber auch die Oper (siehe Seite 86/87). Anders als Degas interessierte sie sich für das Publikum und dessen Glamour. Paul Gauguin kam auf Empfehlung von Camille Pissarro dazu, stach allerdings mit seinen Landschaftsgemälden nicht sonderlich heraus. Seine Zeit sollte erst noch kommen.

1886 organisierte die Gruppe der Impressionisten ihre achte und letzte gemeinsame Ausstellung. Dabei kam es zu heftigen Diskussionen um das Gemälde *Ein Sonntagnachmittag auf der Île de la Grande Jatte* (siehe Seite 94/95) des jungen Malers Georges Seurat (1859–1891). Seurat wurde von Pissarro zur Teilnahme an der Ausstellung eingeladen, aber es gab heftige Proteste.

Was war an Seurats Gemälde und wer war dieser 25-jährige Maler, der damit so heftige Reaktionen provozierte? Seurat hatte das Studium der Malerei 1877 an der traditionellen École des Beaux-Arts in Paris begonnen und sich zunächst an der akademischen Kunst orientiert. Als er 1879 die Ausstellung der Impressionisten besuchte, machte sie einen solchen Eindruck auf ihn, dass er sein Studium abbrach und als Autodidakt weiterarbeitete.

Wie kaum ein anderer Maler setzte sich Seurat mit den Theorien auseinander, die es zu dieser Zeit zum Thema Sehen und Farbe gab. Ihm ging es um die wissenschaftlichen Grundlagen der Farbe in der Malerei. Zur malerischen Umsetzung entwickelte er die Methode des Divisionismus, bei der er reine Farben in winzigen Punkten nebeneinandersetzte, in der Hoffnung, dass sie dadurch noch leuchtender würden. *Sonntagnachmittag auf der Île de la Grande Jatte* ist also auch als Programmbild zu verstehen. Monet und Renoir waren vehement gegen Seurats Teilnahme, denn mit dieser »Konfettimalerei« wurden die von ihnen errungenen Freiheiten wieder einer strengen Form unterworfen; dazu war kein subjektives Empfinden, kein Temperament und keine eigene Handschrift mehr zu erkennen. Degas sprach von »armselig gegliederten Wachsfiguren«. Pissarro allerdings bestand auf Seurats Teilnahme, worauf Monet und Renoir ihre Bilder zurückzogen. So fand die letzte Ausstellung der Impressionisten, die die Kunst revolutioniert hatten, ohne den Maler statt, dessen Bild dieser Stilrichtung den Namen gegeben hatte.

Trotz aller Kritik wurde der Divisionismus, Pointillismus oder Neoimpressionismus für manche Künstler richtungsweisend, denn er setzte sich konsequent mit den bildnerischen Mitteln selbst auseinander. Georges Seurat starb 1891 mit erst 31 Jahren an den Folgen einer Hirnhautentzündung. Pissarro, der auch mit dem Pointillismus experimentierte (siehe Seite 98/99), meinte nach seinem Tod: »[...] mit dem Pointillismus ist es aus, aber ich denke, es werden davon andere Wirkungen ausgehen, die später große Bedeutung für die Kunst haben werden. Seurat hat wirklich etwas geschaffen.« Und er behielt recht, immer wieder beschäftigten sich Künstler mit den Ideen Seurats: Vincent van Gogh, Paul Gauguin, Edvard Munch und die Futuristen um Umberto Boccioni legten ihren Bildern seine Theorien zugrunde und probierten sich in seiner Methode. Aber für diese Künstler war die Idee des Neoimpressionismus nur ein Zwischenschritt, der sie in jeweils andere Richtungen führte. So ist wahrscheinlich die Aussage Klaus Albrecht Schröders, Direktor der Wiener Albertina, die passende: »Der Pointillismus ist die produktivste Sackgasse der Kunstgeschichte.«

Mit der Form des Bildes setzte sich auch Paul Cézanne ausgiebig auseinander. Cézanne war nach den beiden Ausstellungsbeteiligungen 1874 und 1877 wieder in seine Heimat Aix-en-Provence gegangen und beschäftigte sich dort ausführlich mit strukturellen Fragen der Malerei. »Du kannst Dir nicht vorstellen, wie schwer es mir manchmal wird, gewissen Sammlern, Freunden der Impressionisten, alle großen seltenen Eigenschaften Cézannes verständlich zu machen. Ich glaube es werden Jahrhunderte vergehen, bis man sich davon Rechenschaft geben wird«, schrieb Camille

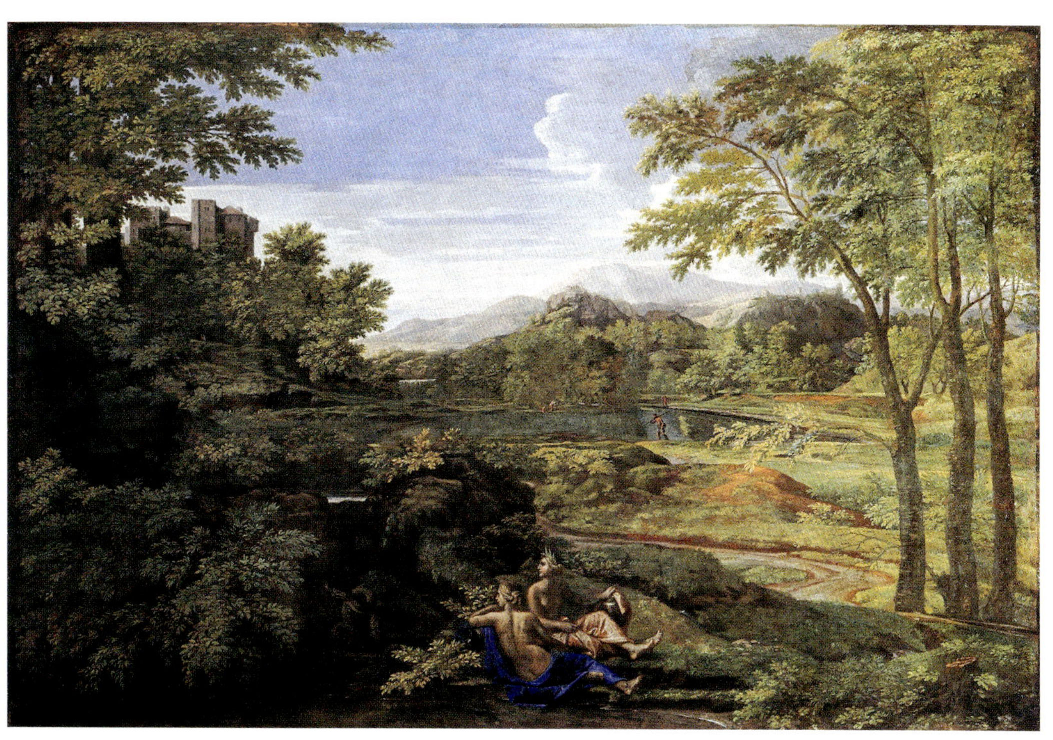

Nicolas Poussin, *Landschaft mit zwei Nymphen*, 1659, Musée Condé, Chantilly

Pissarro im Dezember 1895 an seinen Sohn Lucien und behielt, zumindest was den zeitlichen Rahmen betrifft, glücklicherweise nicht recht. Cézanne ging es um prinzipielle Fragen über die Struktur des Bildes und die Malerei allgemein. Deren »Beantwortung« wurde zu seiner wichtigsten selbst gestellten Aufgabe; mit ihrer »Lösung« wurde er zu einem der bedeutendsten Vorreiter der modernen Kunst. Er selbst sah sich am Anfang einer neuen Richtung: »Ich bin der Wegbereiter der neuen Kunst. Und mein Werk wird fortgesetzt werden, das spüre ich. Ich bin vielleicht nur der Primitive einer neuen Kunst.« Diese »neue Kunst« war das, was seine Kollegen begeisterte und für Pissarro trotzdem so schwierig zu erklären war.

Cézanne war fasziniert von den prinzipiellen Ideen des Impressionismus, aber kein eigentlicher Impressionist. Ihm ging es nicht um ein Abbild der Natur und nicht um die Impression. Er wollte nicht wie Monet das Licht und die Atmosphäre an der Oberfläche der Dinge wiedergeben. Was ihm in den Werken der Impressionisten fehlte, war die harmonische Komposition und die Geschlossenheit innerhalb des Bildes, die er bei den alten Meistern wie Nicolas Poussin (1594–1665) so bewunderte (siehe Seite 35). Ihm erschienen die Bilder seiner Kollegen »meist genial, aber konfus«.

Aus diesem Spannungsverhältnis ergab sich Cézannes Fragestellung: Wie kann man das Eine erhalten, ohne das Andere zu verlieren? Er suchte nach Möglichkeiten, das Bild sozusagen zu verfestigen, ohne zum Akademismus zurückzugehen; eine Gefahr, die er beim Neoimpressionismus gesehen hatte.

Cézanne ging davon aus, dass man nicht die Dinge an sich sieht, sondern nur Farbflächen wahrnimmt, die man sofort zu entsprechenden Formen verbindet: Er versuchte deswegen gar nicht, die Gegenstände illusionistisch wiederzugeben, sondern schuf ein dichtes Gewebe, das sich vom Vorder- in den Hintergrund durchzieht.

Cézannes veränderte Bildauffassung beeinflusste die Kunst nachhaltig und grundlegend. Das Bild ist nicht mehr der »Blick aus einem Fenster«, sondern nur noch Fläche und Form, die aus der Farbe entstehen. Cézanne war der Meinung, man könne die Natur mittels der Malerei nicht wiedererschaffen: »Ein Bild soll zunächst nichts darstellen als Farben.« Durch die harmonisch aufeinander abgestimmten Farben entsteht das Bild nicht als Abbild der Natur, sondern stellt ein Äquivalent zur Natur dar. Cézanne drückte das folgendermaßen aus: »Kunst ist eine Harmonie parallel zur Natur.«

Cézannes Malerei markiert damit gewissermaßen einen Endpunkt in der Entwicklung der Malerei, da er nicht versuchte, Dinge bzw. Landschaften illusionistisch wiederzuerschaffen, sondern klarmachte, dass Natur und Kunst zwei nebeneinander bestehende Systeme sind.

Sein Schaffen ist aber nicht nur ein Endpunkt, sondern gleichzeitig der Beginn einer neuen Herangehensweise an die Malerei und ihr Wesen. Die Konsequenz ist: Wenn das Bild kein Bühnenraum mehr ist, wie es seit Giotto der Fall war, ist es letztlich aperspektivisch und betont das zu sein, was es eigentlich schon immer war: eine zweidimensionale Fläche – und das bedeutete einen

Bruch mit den Grundlagen der Perspektive, die seit der Renaissance bestimmend waren.

Seine Künstlerkollegen begannen allmählich Cézanne zu verstehen und waren zunehmend begeistert von seinen Arbeiten. Sie waren es auch, die die ersten Bilder von ihm kauften und ihm damit ihre Bewunderung ausdrückten. Pissarro besaß 15 Bilder Cézannes, Monet 13, Degas 7 und Renoir immerhin 4. Pissarro schreibt: »Aber meine Begeisterung ist gar nichts, verglichen mit der Renoirs! Sogar Degas hat den Zauber der Natur dieses raffinierten Wilden an sich erlebt, Monet, alle ...«

1886 findet die letzte gemeinsame Ausstellung der Impressionisten statt, womit auch eine Ära endet. Alle Maler der Kerngruppe haben ihren eigenen Weg gefunden, ganz nach der Definition Zolas: »Kunst ist Natur, gesehen durch ein Temperament.« Die Tragweite der impressionistischen Ideen ist bereits zu spüren, die akademischen Maler haben sie zu einem gewissen Umdenken gebracht. Die Paletten haben sich aufgehellt, und die Erkenntnis, dass man mit weniger spitzem Pinsel mehr ausdrücken kann, hat sich Bahn gebrochen. Dadurch wirken selbst konservative Maler etwas moderner. Nach der letzten Ausstellung fällt die Gruppe auseinander und jeder konzentriert sich auf seine eigene Kunst. Trotzdem halten sie weiter Kontakt. Pissarro hat mit seinen Ansichten von Paris endlich auch finanziellen Erfolg. Monet baut seit 1883 sein Anwesen in Giverny zu einem phantastischen Park aus, um dort zum Spezialisten für Seerosen zu werden (siehe Seite 31). Degas konzentriert sich auf komplizierte Darstellungen von Frauen im Bad und arbeitet wegen seiner schlechten Augen an Skulpturen, während Renoir sich weiter an jungen Damen erfreut, die er mit dem in seinen arthritischen Händen eingeklemmten Pinsel aber nicht mehr so überzeugend malen kann wie einst (siehe Seite 32).

Sie wurden berühmt und reich, aber ihre Kunst war längst nicht mehr aktuell. So viel die Impressionisten auch bewegt haben, die Zeit blieb nicht stehen und Künstler wie Paul Gauguin, Pablo Picasso und Wassiliy Kandinsky brachen zu neuen Ufern auf.

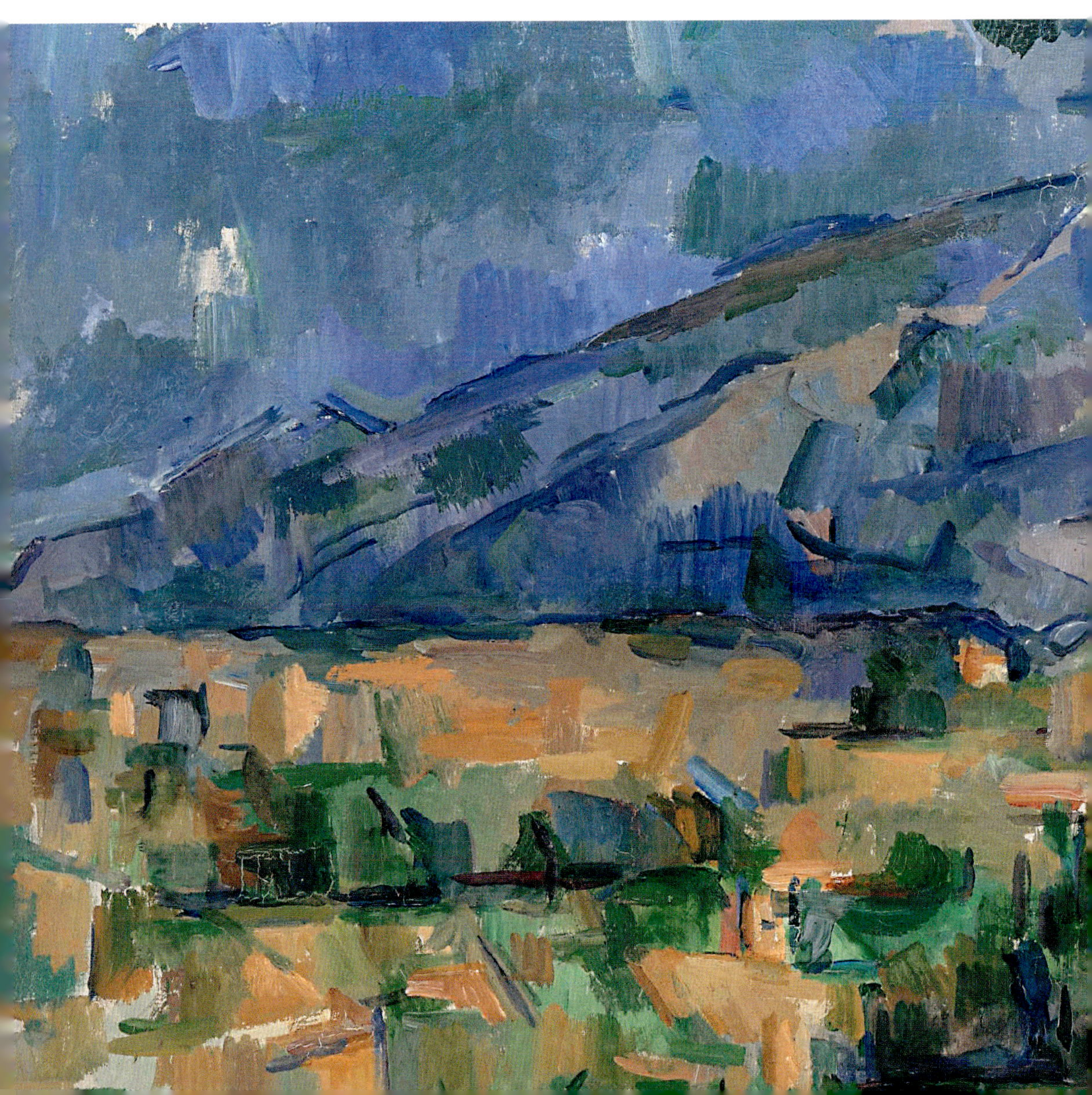

WERKE

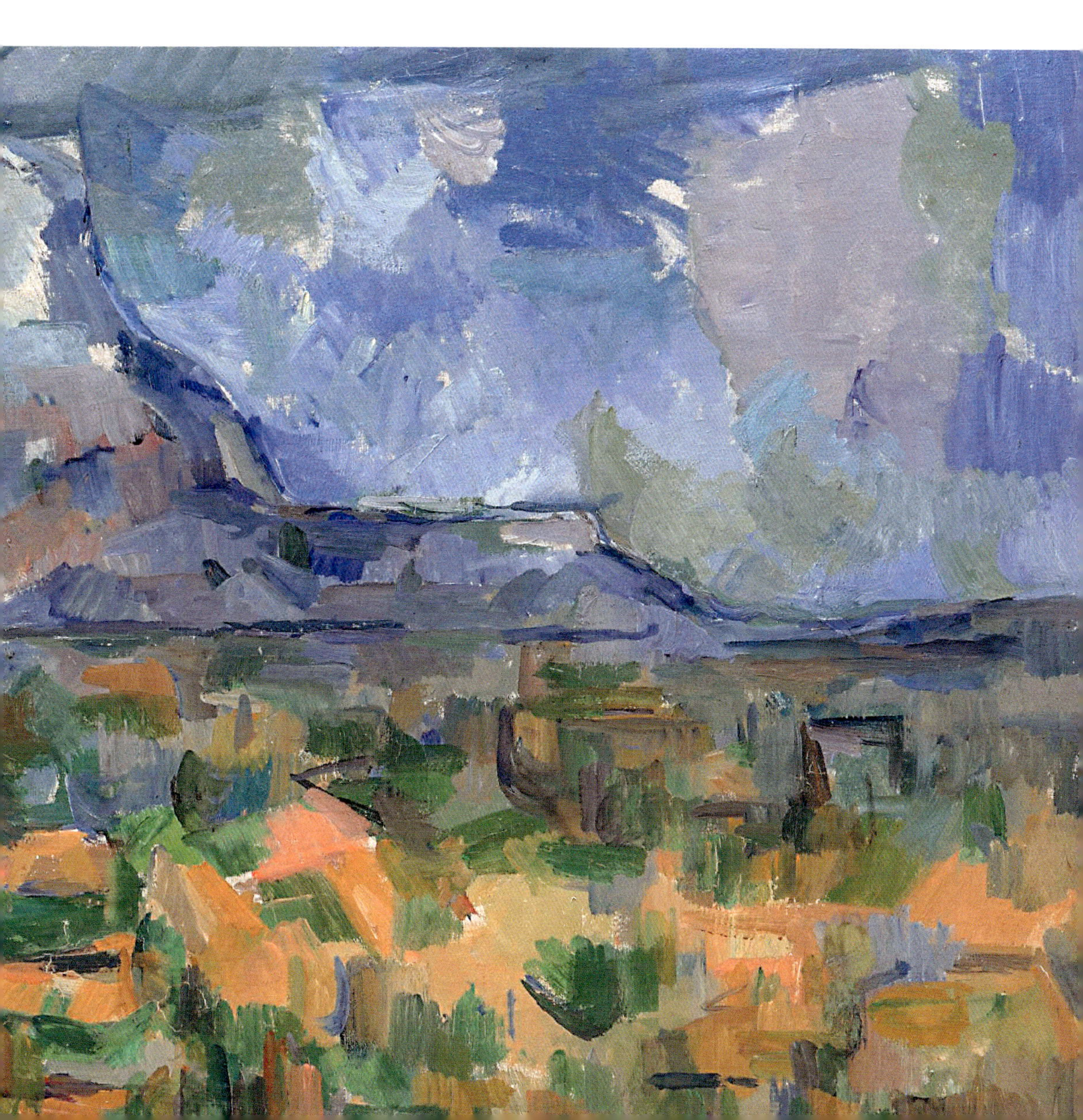

Édouard Manet
Olympia, 1863

Öl auf Leinwand
103,5 × 190 cm
Musée d'Orsay, Paris

Bei der Beurteilung von Aktmalerei im Frankreich des 19. Jahrhunderts kam es sehr auf den inhaltlichen Zusammenhang an. Alexandre Cabanels Nackte (siehe Seite 20) streckt sich im Salon 1863 lasziv in den Wellen, präsentiert den Betrachtern offen ihre Reize und wird, so Émile Zola, von Eroten aus »Vanille-Pudding aus der Werkstatt der modischen Kunst-Konditoren« begleitet. Eigentlich ein wenig zu aufreizend, sollte man meinen, und dass dies vielleicht als anstößig kritisiert worden wäre – keineswegs: denn der Titel lautete ja *Geburt der Venus* und das Werk wurde die (positive) Sensation des Salons. Kaiser Napoleon III. kaufte es sofort und Cabanel bekam mehrere Kopieaufträge.
Zwei Jahre später war Édouard Manets *Olympia* die Sensation, allerdings die negative. Vor diesem Gemälde, dass im selben Jahr wie Cabanels Venus entstanden war, kam es zu heftigen Tumulten. Die Besucher waren so empört, dass sie mit Stöcken und Regenschirmen darauf losgingen. Heute würde man das als regelrechten Shitstorm bezeichnen. Was aber ist so anders an Manets Akt als an dem seines Kollegen? Was hat die Menschen dermaßen empört, dass das Bild vor dem aufgeregten Publikum durch die Polizei geschützt und höher aufgehängt werden musste?
Auf den ersten Blick wirkt das Gemälde weit weniger lasziv und viel harmloser als Cabanels. Manets Vorbilder waren die *Venus von Urbino* (1538, Uffizien, Florenz) von Tizian und *Die schlafende Venus* Giorgiones (1510, Gemäldegalerie Alte Meister, Dresden). Doch abgesehen von der Malweise, die vielfach als hart und flach kritisiert wurde, war vor allem der Titel in Kombination mit der Darstellung das Problem. Denn »Olympia« wurde im damaligen Paris vielfach als Bezeichnung für Prostituierte verwendet und das war der Punkt: Manet stellte eine Prostituierte (sein Modell war wie im *Frühstück im Grünen* Victorine Meurent, die keine Prostituierte war) dar und das Objekt der Begierde, auf dem der Blick der Männer seit Jahrhunderten ruhte, warf jetzt den Blick zurück – lässig, herausfordernd und selbstbewusst. In einer Stadt mit damals geschätzt über 30 000 Prostituierten dürften sich viele Männer im Publikum angesprochen oder besser ertappt gefühlt haben – der Betrachter als potenzieller Freier. Unterstrichen wird die Profession der Olympia durch damals für jeden verständliche Attribute. Schlief bei Tizian ein treuer Hund auf dem Bett, streckt sich auf Olympias Bett eine schwarze Katze und macht einen Buckel. Steht eine schwarze Katze ohnehin schon für das Böse an sich, kommt noch dazu, dass das französische Wort »la chatte« nicht nur Katze bedeutet, sondern auch eine vulgäre Bezeichnung für Vulva ist. Die Orchidee, die Olympia in den Haaren trägt, gilt als Symbol der sexuellen Lust, und aus den beiden Zofen bei Tizian wird hier eine schwarze Dienerin, die offensichtlich einen Blumenstrauß des nächsten Freiers hereinbringt. All dies breitet Manet vor seinem Publikum aus und kaschiert es noch nicht einmal durch die Verwendung eines unverfänglichen Titels. Wieder einmal hatte er ein klassisches Sujet neu interpretiert und damit reichlich Aufsehen erregt.

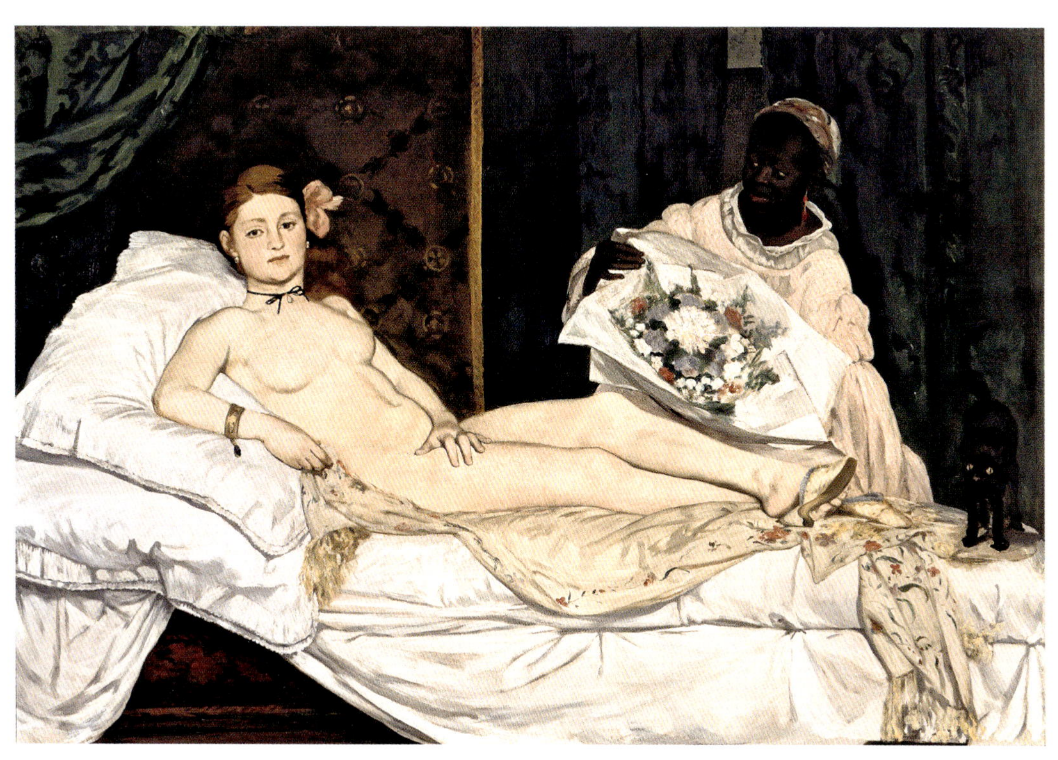

Camille Pissarro
Ufer der Oise bei Pontoise, 1867

Öl auf Leinwand
45,7 × 71,4 cm
Denver Art Museum

Pissarros Vorgeschichte gleicht einer halben Weltreise. Von der Karibikinsel Saint Thomas, wo er geboren wurde, über Venezuela und Haiti landet er in Paris, wo er Camille Corot kennenlernt und von ihm in die Pleinairmalerei eingeführt wird. Auf dessen Rat hin durchstreift der junge Mann malend die Umgebung von Paris. 1860 lernt er im Hause seiner Eltern, die sich ein Jahr zuvor in Paris niedergelassen hatten, Julie Vellay (1838–1926) kennen, die Küchenmagd, und beginnt eine Beziehung mit ihr. Seine Eltern werden damit niemals einverstanden sein, weil Julie als Angestellte nicht ihrem Standesbewusstsein entspricht und außerdem anders als die Pissarros nicht jüdisch ist, sondern katholisch. Die beiden heiraten 1871, nachdem sie schon drei gemeinsame Kinder haben.
1859 kann Pissarro schon ein Bild im Salon ausstellen, was sich dann regelmäßig wiederholt, 1860 lernt er in der Académie Suisse Claude Monet kennen. 1863 kommen Renoir, Sisley und Bazille dazu. Pissarro zieht mit seiner Frau und dem Erstgeborenen Lucien in einen Vorort von Paris. Seine finanzielle Situation ist angespannt und wird es auch sehr, sehr lange bleiben. In den folgenden Jahren lernt er Édouard Manet und das Café Guerbois kennen. Außerdem ist er regelmäßiger Gast bei Émile Zola, der seine Malerei sehr lobt: »Eine herbe, ernste Malerei, um naturgetreue Wiedergabe äußerst bemüht, ein fester, starker Wille.« Was Zola noch nicht wissen kann, ist, wie fest dieser Wille ist, denn die wiederholten Teilnahmen am Salon sind zwar künstlerisch ein Erfolg, aber kein finanzieller. Pissarro muss Aufträge für Anstreicharbeiten annehmen. In dieser Zeit entsteht das Bild vom Ufer der Oise. Wie viele Landschaftsbilder der späteren Impressionisten zeigt auch dieses keine außergewöhnliche Landschaft, sondern ein scheinbar beliebiges Ufer mit einer Fabrik und dem dazugehörigen rauchenden Schlot. Was allerdings fehlt, ist die Leichtigkeit und Unbeschwertheit, die viele Bilder seiner Freunde ausstrahlen. Ausgelassenheit, fröhlich tanzende junge Leute, Geselligkeit in den Cafés, Freizeitvergnügen, all das wird es in Pissarros Bildern nie geben. Trotz des überzeugenden Umgangs mit strahlendem Sonnenlicht und des allmählichen Aufhellens seiner Palette, bleibt in seinen Gemälden immer eine gewisse Schwere. Sein Problem war, dass die kaufkräftigen Kunden im aufstrebenden Frankreich, die hauptsächlich in Paris anzutreffen waren, sich nicht für bildnerische Darstellungen der einfachen Landbevölkerung interessierten.
Was Pissarros Bedeutung aber dennoch ausmachen wird, ist seine Fähigkeit, eine Gruppe von Individualisten als Integrationsfigur über mehr als dreißig Jahre zusammenzuhalten: Er war das Bindeglied von Monet über Cézanne bis Seurat. Seine eigene Kunst entwickelte sich im Austausch mit anderen und durch seine Neugier, die ihn alle künstlerischen Möglichkeiten auszuprobieren ließ.

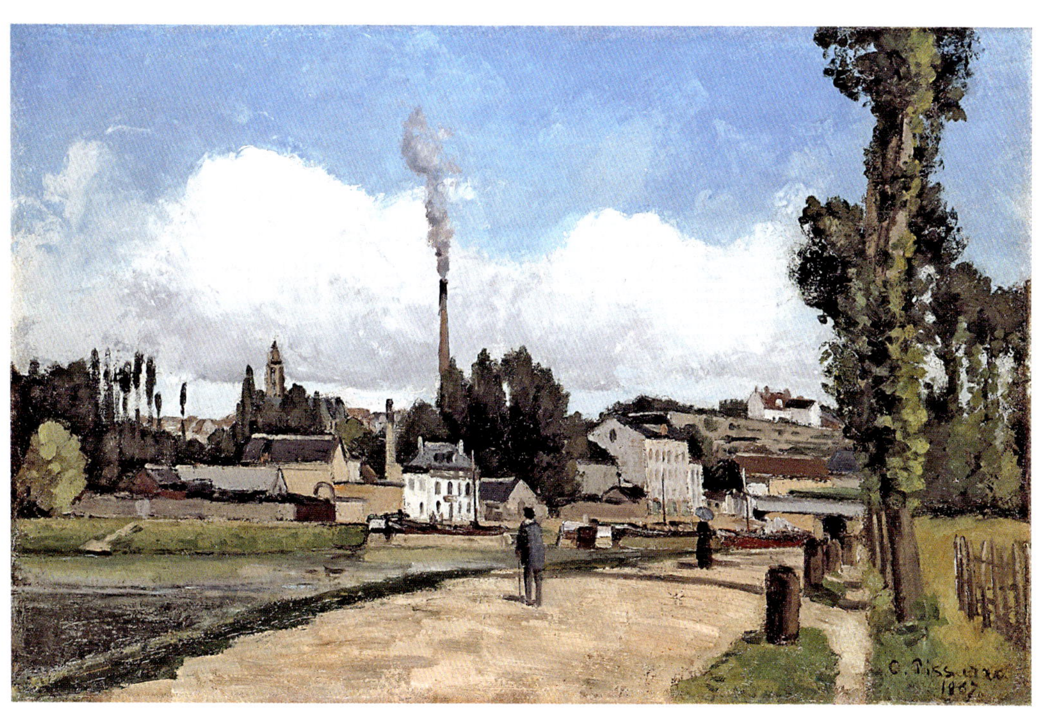

Édouard Manet
Émile Zola, 1868

Öl auf Leinwand
146 × 114 cm
Musée d'Orsay, Paris

Émile Zola (1840–1902), Paul Cézannes Freund seit der Schulzeit, kam 1858 von Aix-en-Provence nach Paris, wo er als Journalist, Romancier und Kunstkritiker arbeitete. Schnell lernt er Manet und den Kreis der Impressionisten kennen und wird einer ihrer wichtigsten Fürsprecher. Als Manet 1866 nicht zum Salon zugelassen wird, schreibt Zola trotzdem einen Salonbericht über dessen abgewiesene Bilder (*Der Pfeifer*, Musée d'Orsay; *Der tragische Schauspieler*, National Gallery of Art, Washington). Für Zola ist Manet der »Maler des modernen Lebens«, wie ihn Baudelaire beschrieben hat. Auch als Manet bei der Weltausstellung im nächsten Jahr eine eigene Ausstellung organisiert, schreibt Zola einen Artikel über den Künstler, dessen Werke er gerne im Louvre sehen würde. Der Artikel wurde in einer Broschüre mit dem Titel *Édouard Manet. Étude biographique et critique* gedruckt, die rechts auf dem Tisch zu sehen ist. Ihr Titelblatt dient im Bild gleichzeitig als Signatur Manets.
Zum Dank für seine Artikel malt Manet das Porträt seines Freundes. Allerdings stellt er ihn nicht in dessen Arbeitszimmer dar, sondern in seinem eigenen Atelier, das der Maler mit den entsprechenden Requisiten ausstattet, denn es handelt sich nicht nur um ein Porträt des Schriftstellers, sondern gleichzeitig um eine Art programmatisches Manifest des Malers. In Manets typischer Manier ist das Bild sehr flächig und mit harten Kontrasten gemalt. Zola hält sehr wahrscheinlich Charles Blancs *L'Histoire des peintres* in der Hand, die Manet oft konsultierte. Rechts an der Wand sind Schlüsselwerke, die großen Einfluss auf seine künstlerische Biografie hatten, als Reproduktionen zu erkennen: *Der Triumph des Bacchus* von Diego Velázquez, dem »Maler der Maler«, wie ihn Manet bezeichnete, und ein japanischer Farbholzschnitt eines Sumoringers. Die japanische Kunst, die man auch links auf dem Paravent sehen kann, war für Manet und die Impressionisten eine wichtige Inspirationsquelle, hatten die Japaner doch ganz andere Vorstellungen von Komposition, Perspektive und Farbe. Manet, Degas und andere haben sie in diversen Kunstwerken übernommen. Als dritte Reproduktion an der Wand erkennt man Manets *Olympia*, die im Salon von 1865 für so viel Aufregung gesorgt hatte. Hier allerdings blickt sie nicht den Betrachter direkt an, sondern fixiert den sinnierenden Schriftsteller. Der schrieb 1886 den Roman *Das Werk*, in dem er das Leben des genialen Malers Claude Lantier (angelehnt an Paul Cézanne) schildert, der schließlich an seinen eigenen Ansprüchen scheitert und sich das Leben nimmt. Diesbezüglich meinte Claude Monet zu Zola: »Auf jeder Seite finde ich Erinnerungen, doch ich fürchte, unsere Feinde werden sich Ihres Buches bedienen, um uns nieder zu machen.«

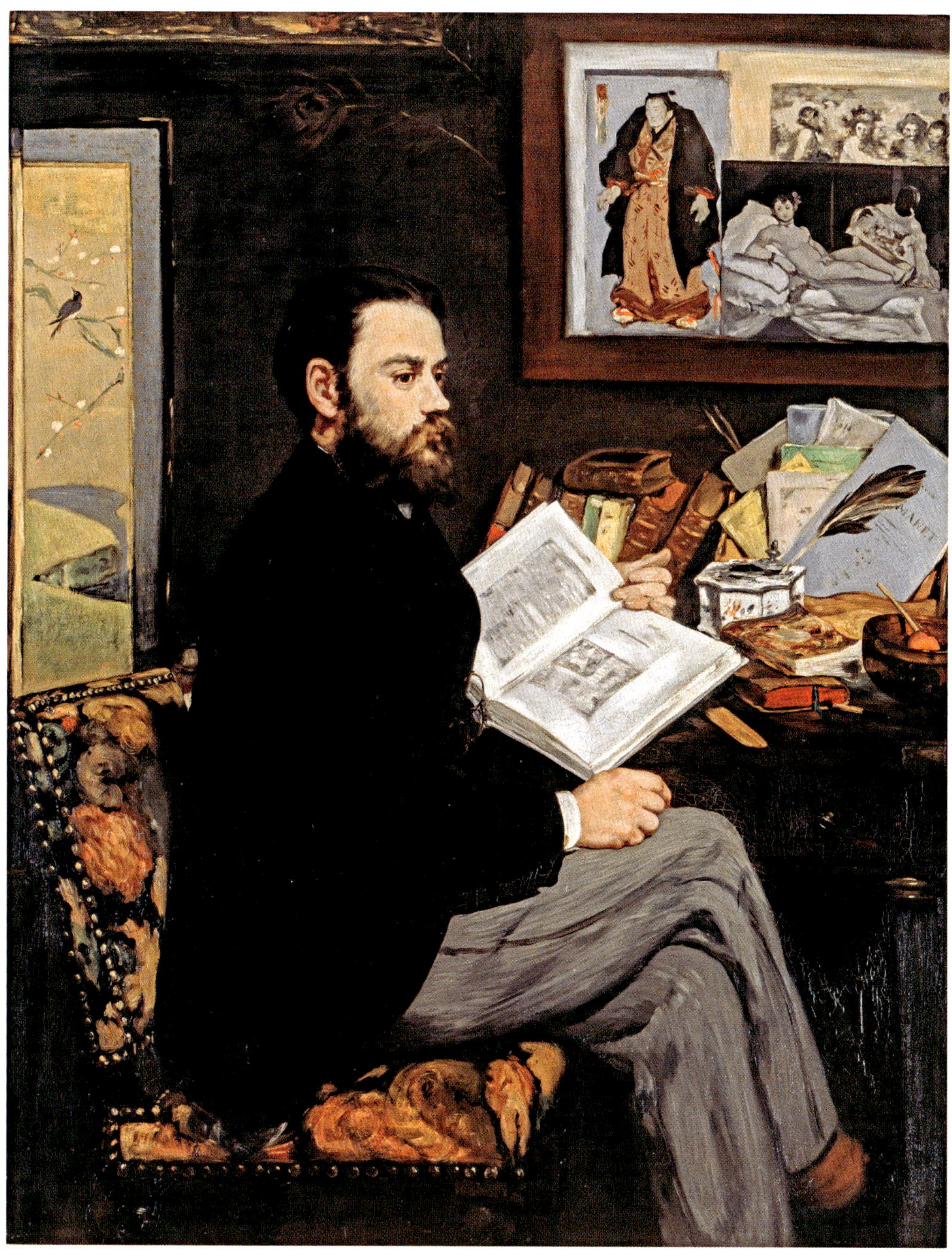

Edgar Degas
Beim Rennen auf dem Land, 1869

Öl auf Leinwand
36,5 × 55,9 cm
Museum of Fine Arts, Boston

In diesem Gemälde vereinen sich zwei Vorlieben von Edgar Degas. Zum einen für Pferde und Pferderennen, seit 1857 im westlichen Teil des Bois de Boulogne die Rennbahn Longchamp eröffnet worden war. Aber nicht die Rennen selbst, sondern das Geschehen rundherum inspirierte ihn. Jockeys auf nervösen Pferden, Einreiten, Fehlstarts, Abwürfe, Publikum, alles zeichnete Degas oder nahm es in sein Formengedächtnis auf. Auf dem Bild sieht man das eigentliche Rennen nur an den drei Reitern im »fliegenden Galopp« links im Hintergrund. Trotz all seiner Bewegungsstudien machte Degas hier einen Fehler, denn so galoppieren Pferde nicht. Dieser Fehler, den bereits viele Maler vor ihm ebenfalls gemacht hatten, wurde erst 1878 korrigiert, als der britische Fotograf Eadweard Muybridge (1830–1904) mittels Reihenfotografien nachweisen konnte, dass Pferde ihre vier Beine gleichzeitig in der Luft haben, wenn sie sich unter dem Körper befinden und nicht nach vorne und hinten ausgestreckt wie hier. Degas war sehr interessiert an Muybridges Studien und man kann davon ausgehen, dass er dessen Bücher *Animal Locomotion* (1887) und *The Human Figure in Motion* (1901) kannte, denn er schuf mehrere Pferdeskulpturen, die Muybridges Fotos plastisch illustrieren.
Die andere Vorliebe des Malers ist die für japanische Farbholzschnitte, die wie vieles andere aus der japanischen Kultur ab den 1860er-Jahren nach Europa und damit auch nach Paris kamen. Blätter von Katsushika Hokusai (1760–1849) und Utagawa Hiroshige (1797–1858) beeindruckten die Pariser Künstler durch ihre kompositionelle Offenheit, die ungewöhnlichen Perspektiven, die flüchtigen Augenblicke und den oftmals sehr weiten, flächigen Hintergrund. All das ist in Degas' überraschender Komposition zu sehen. Die Pferde rechts sind eigenwillig angeschnitten, die Kutsche links ist nur halb zu sehen; kein Künstler in Europa hat das vorher jemals so gemalt. In der Kutsche spielt sich eine wie zufällig gesehene Alltagsszene ab: Der Kutscher, ein Freund Degas', blickt zu seinem Sohn, der gerade von einer Amme gestillt wird, während sein Hund auf dem Kutschbock zusieht. Alles in diesem Bild wirkt zufällig und gerade deswegen so authentisch. Es scheint zunächst, als wäre die stillende Amme das bildwichtige Element, aber bei längerer Betrachtung bemerkt man, dass man auch von den anderen Aktionen im Bild optisch angezogen wird. Die Amme mit dem Baby befindet sich zwar in der Mitte des Gemäldes, ist aber nicht sein Zentrum. Degas zeigt die Welt, wie man sie tatsächlich sieht und nicht wie die Kunst sie bisher gezeigt hat. Der deutsche Maler Max Liebermann (1847–1935) meinte zu Degas Kunst: »Er weiß zu komponieren, dass es nicht mehr komponiert aussieht.«

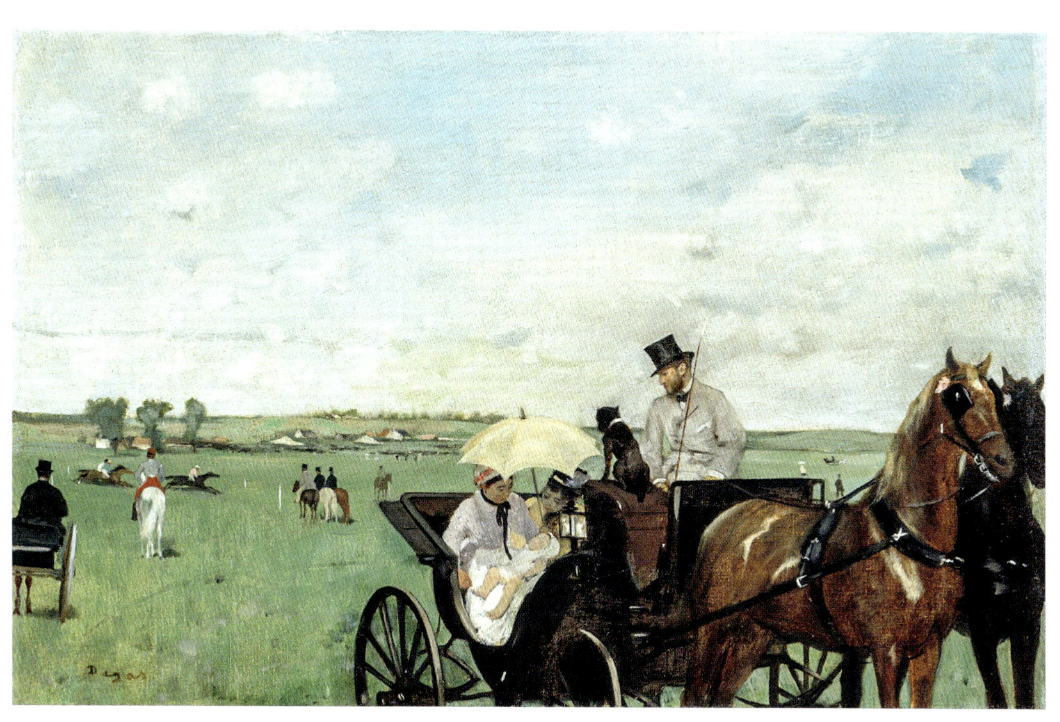
Degas

Berthe Morisot
Der Hafen von Lorient, 1869

Öl auf Leinwand
43,5 × 73 cm
National Gallery of Art, Washington

Häfen scheinen es Berthe Morisot angetan zu haben, denn sie erscheinen öfter in ihrem Werk. Das Gemälde des Hafens von Lorient in der Bretagne wirkt, verglichen mit Morisots späteren Arbeiten, noch eher traditionell. Das ungewöhnliche Querformat erinnert an die Bilder ihres Lehrers Camille Corot. Die Komposition wird durch die Diagonalen, die die Hafenmauern bilden, bestimmt. Gebremst wird der dynamische Aufbau durch die Dame, die, der damaligen Mode entsprechend sonnenbeschirmt, scheinbar verträumt auf der Mauer sitzt. Wie viele Bilder Morisots ist auch dieses zwar mit Ölfarben, aber mit einem relativ dünnen Farbauftrag gemalt. Dadurch wirken ihre Gemälde oftmals leichter als die ihrer Kollegen und erinnern bisweilen an Aquarelle.
Morisot zeigte diesen Hafenblick 1874 in der ersten Impressionisten-Ausstellung. Edgar Degas, den sie 1869 kennengelernt hat, hatte sie und ihre Schwester Edma dazu eingeladen. »Wir finden, der Name und die Begabung von Berthe Morisot ist einfach zu wichtig, als dass wir darauf verzichten könnten.« Berthe Morisot war da schon als Künstlerin bekannt, da ihre Bilder seit 1864 regelmäßig im Salon gezeigt wurden – und noch bekannter war sie wahrscheinlich als Modell vor allem von Édouard Manet, der sie in rund einem Dutzend Bildern verewigte. Ihre Schwester Edma dagegen musste das Malen wegen ihrer Heirat aufgeben, denn ihr Gatte erlaubte es ihr nicht: Sie schrieb: »Ich bin oft in Gedanken bei dir, liebe Berthe. Ich bin in deinem Atelier und entschwinde gerne, wenn auch nur für eine Viertelstunde, um diese Atmosphäre zu atmen, die wir viele Jahre lang geteilt haben […].« Für Berthe kam das nicht infrage: »Arbeit ist für mich der einzige Zweck meines Daseins […]. Eine ins Ungewisse verlängerte Untätigkeit wäre für mich in jeder Hinsicht fatal.« Dafür suchte sie sich den richtigen Ehemann aus, denn als sie im gleichen Jahr Eugène Manet heiratete, bekam sie einen Mann, der sich als Bruder des berühmten Édouard Manet schon familienbedingt in der Kunstwelt auskannte und gut vernetzt war – und der wusste, was es bedeutete, wenn seine Frau diesen Beruf ausübte.
Morisots Beitrag zu der Gruppe der Impressionisten war nicht die Tatsache, dass sie – zumindest anfangs – die einzige Frau war, sondern künstlerische Impulse. Sie hatte großen Anteil daran, dass sich Manet mit der Pleinairmalerei beschäftigte, und auch in anderen Bereichen trieb sie die Ideen der Impressionisten voran. Sie wollte als Malerin schlicht ernst genommen werden und das gelang ihr. Trotzdem schrieb sie 1890 in einem Notizbuch über ihre Kämpfe: »Ich glaube nicht, dass es jemals einen Mann gegeben hat, der eine Frau als gleichwertig behandelt hat, und das ist alles, was ich mir gewünscht hätte, denn ich weiß, dass ich genauso viel wert bin wie sie.«

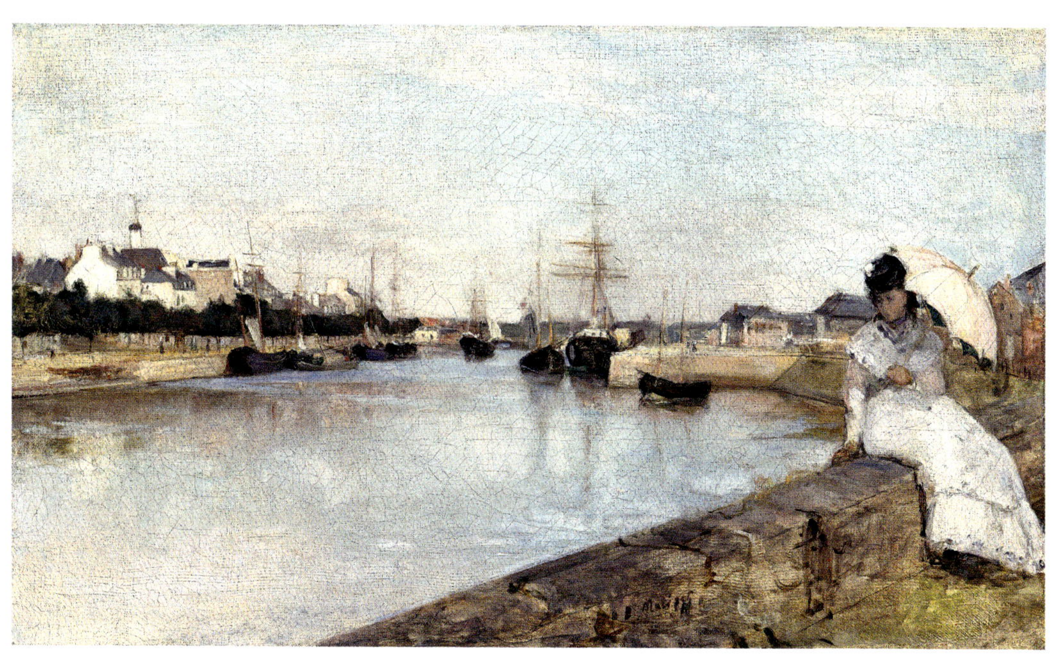

Claude Monet
La Grenouillère, 1869

Öl auf Leinwand
70,5 × 100 cm
The Metropolitan Museum of Art, New York

La Grenouillère an der Seine bei Bougival war seit den 1850er-Jahren ein klassisches Wochenendziel der Pariser. Die übersetzt »Froschteich« genannte Badestelle hatte einen Bootsverleih und ein Restaurant auf Pontons, dazwischen befand sich eine kleine, »Camembert« genannte, künstliche Insel, die heute noch zu sehen ist. Schon 1854 wurde La Grenouillère in dem Buch *Le Sport à Paris* als beliebt bei Männern und Frauen des künstlerischen Lebens beschrieben. Renoir kannte es, da seine Eltern im benachbarten Louveciennes wohnten, wo er im Sommer 1869 vorübergehend wohnte. Mit Monet war er öfter dort und die beiden beschlossen, den »Froschteich« zu malen, wie Monet ihrem gemeinsamen Freund Bazille schrieb: »Ich habe einen Traum, ein Gemälde, die Bäder von La Grenouillère, für das ich einige schlechte Skizzen angefertigt habe, aber es ist nur ein Traum. Auguste Renoir, der gerade zwei Monate hier verbracht hat, möchte dieses Gemälde auch malen.« Diesen Plan setzten die beiden in die Tat um. Vielleicht auch, weil sie sich mit diesem Motiv gute Verkaufschancen versprachen, denn in diesem Sommer wurde La Grenouillère durch den Besuch von Kaiser Napoleon III. und seiner Frau Eugènie zum Highlight des modernen Pariser Freizeitlebens.
Wenn Monet dieses Bild *Impression: Froschteich* genannt hätte, wäre es wohl noch passender gewesen als beim Sonnenaufgang über Le Havre fünf Jahre später, denn schon hier sind alle Zutaten vorhanden, die die impressionistische Malerei ausmachen: Die hellen Farben für das Wasser im Vordergrund (darunter Kobaltviolett und Chromoxidgrün, die erst kurz vorher entwickelt worden waren), das Spiel von Licht und Spiegelungen, die farbigen Schatten und die heitere Freizeitatmosphäre. Dazu erkennt man im Vergleich mit Renoirs Version (siehe Seite 27) die unterschiedlichen malerischen Interessen der beiden Freunde: Bei Monet sind es das Licht, die Reflexionen auf dem Wasser und die sich gegenseitig beeinflussenden Farben. Das alles sieht Renoir auch, aber er hat einen anderen Fokus. Er wählt einen engeren Ausschnitt und konzentriert sich mehr auf den »Camembert« und die Leute darauf. Sind diese bei Monet eigentlich nur breit gemalte Strichmännchen, erkennt man bei Renoir die duftigen Kleider der Damen, die unterschiedlichen Anzüge der Herren und die verschiedenen Haltungen der Personen. Denkt man sich die Personen bei Renoir weg, ist das Bild eigentlich eher uninteressant. Denkt man sich die Leute bei Monet weg, ist das Bild noch genauso gut, denn er erzeugt mit den charakteristischen Strichen seiner Flachpinsel die Illusion einer schimmernden, das spätsommerliche Licht reflektierenden Oberfläche. Hoffnungsvoll reicht Monet das Bild beim Salon 1870 ein – und wird abgelehnt.

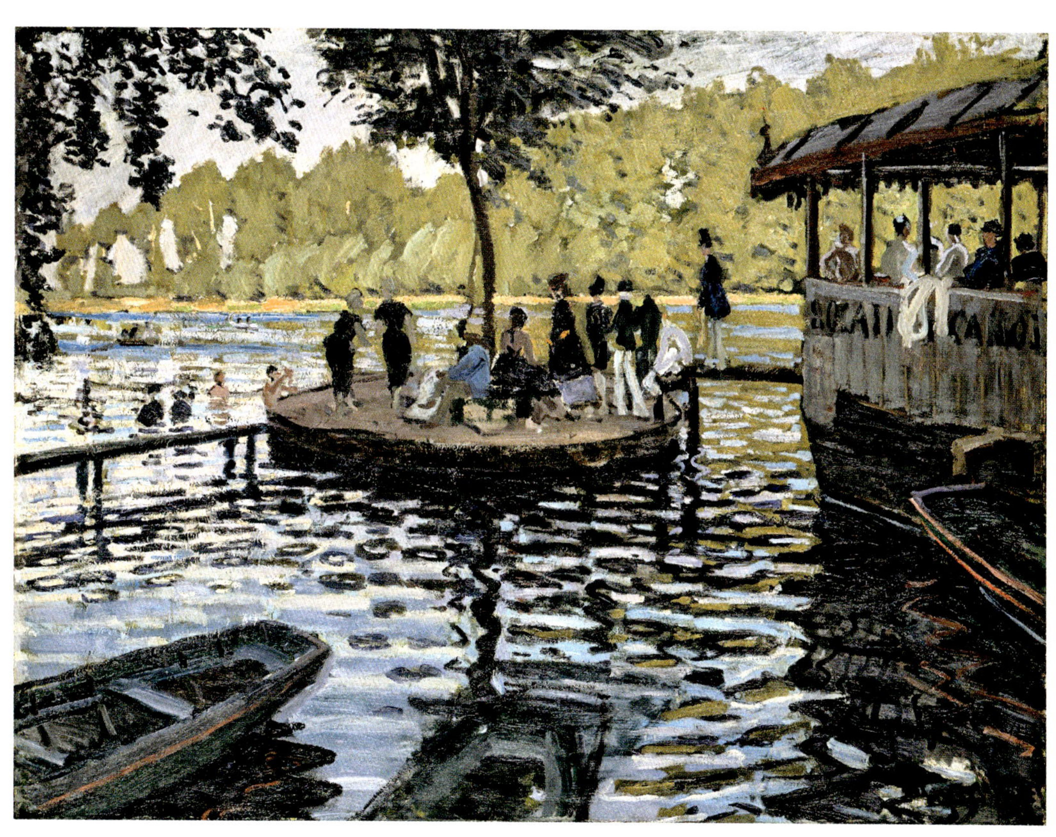

Frédéric Bazille
Atelier, Rue de Condamine, 1870

Öl auf Leinwand
98 × 128 cm
Musée d'Orsay, Paris

Frédéric Bazille kam 1862 aus Montpellier nach Paris mit dem Ziel, Medizin zu studieren. Dieses Ziel gab er jedoch alsbald zugunsten seines eigentlichen Wunsches Maler zu werden auf. Er trat in das Atelier von Charles Gleyre ein und lernte Monet, Renoir und Sisley kennen. Die Freunde hielten sich in den kommenden Jahren immer wieder in unterschiedlichen Konstellationen zum Pleinair-Malen im Wald von Fontainebleau und in der Normandie auf. Bazille reiste außerdem jedes Jahr zu seinen Eltern in den Süden, wo er einen von strahlender Farbigkeit geprägten Stil entwickelte, in dem er sonnendurchflutete, helle Landschaften und Familienbilder schuf. 1866 zeigte er ein Stillleben im Salon, das noch in eher traditioneller Manier gemalt war. Nachdem seine Bilder 1867 vom Salon abgelehnt werden, initiiert Bazille eine Petition für eine Neuauflage des Salon des Refusés, die seine Freunde unterschreiben; er findet jedoch nicht statt. Im gleichen Jahr hat er die Idee einer unabhängigen Ausstellung ohne Jury, die allerdings erst 1874 wieder aufgegriffen wird.
Bazille mietete nacheinander sechs verschiedene Ateliers in Paris, die er sich meistens mit Monet oder Renoir teilte. Drei davon hat er in Bildern festgehalten. Das Atelier war für ihn nicht nur Arbeitsplatz, sondern vor allem auch Begegnungsort zum Austausch über Kunst sowie Präsentationsmöglichkeit für seine Gemälde und die seiner Freunde, die er bisweilen auch kaufte, um sie zu unterstützen. Auf diesem Bild sieht man sein letztes Atelier (ab 1868) in der Rue de Condamine, das er sich mit Renoir geteilt hat. Man sieht links Renoir, an einem Tisch lehnend im Gespräch mit Zola auf der Treppe. Vor der Leinwand stehen Monet und Manet (mit Hut) und, immer an seiner Größe zu erkennen, Bazille selbst, der von Manet in dieses Bild gemalt wurde. Auf dem Klavier spielt Edmond Maître, Musiker, Autor und einer der engsten Freund Bazilles. An den Wänden hängen hauptsächlich Werke von Bazille, die vom Salon abgelehnt wurden. Auch das große Gemälde rechts neben dem Fenster wurde abgelehnt (1866), es stammte allerdings von Renoir und ist leider nicht erhalten. Darunter ist ein kleines Stillleben Monets zu sehen, das Bazille gekauft hatte. Die einzige Ausnahme ist das Bild über dem Sofa, *Die Toilette* – hier noch im Entstehen –, das im selben Jahr zugelassen werden würde, was Bazille aber noch nicht wusste. Es ist ein mutiges Statement, die »Fehler« der konservativen Salonjury so demonstrativ zu zeigen und damit gleichzeitig die Kunst der kommenden Generation gleichsam visionär zu präsentieren.
Dieses Gemälde ist auch ein Manifest der Freundschaften, die ein Leben lang hielten. Sie sind der eigentliche Nukleus des Impressionismus. Bei Monet, Renoir und den anderen war das eine lange Zeit, bei Bazille erschreckend kurz: Er meldete sich zu Beginn des Deutsch-Französischen Krieges im Juli 1870 freiwillig und fiel im November mit nur 28 Jahren. Bazilles Enthusiasmus, seine Ideen und seine Kunst bildeten dennoch eine wichtige Grundlage des Impressionismus.

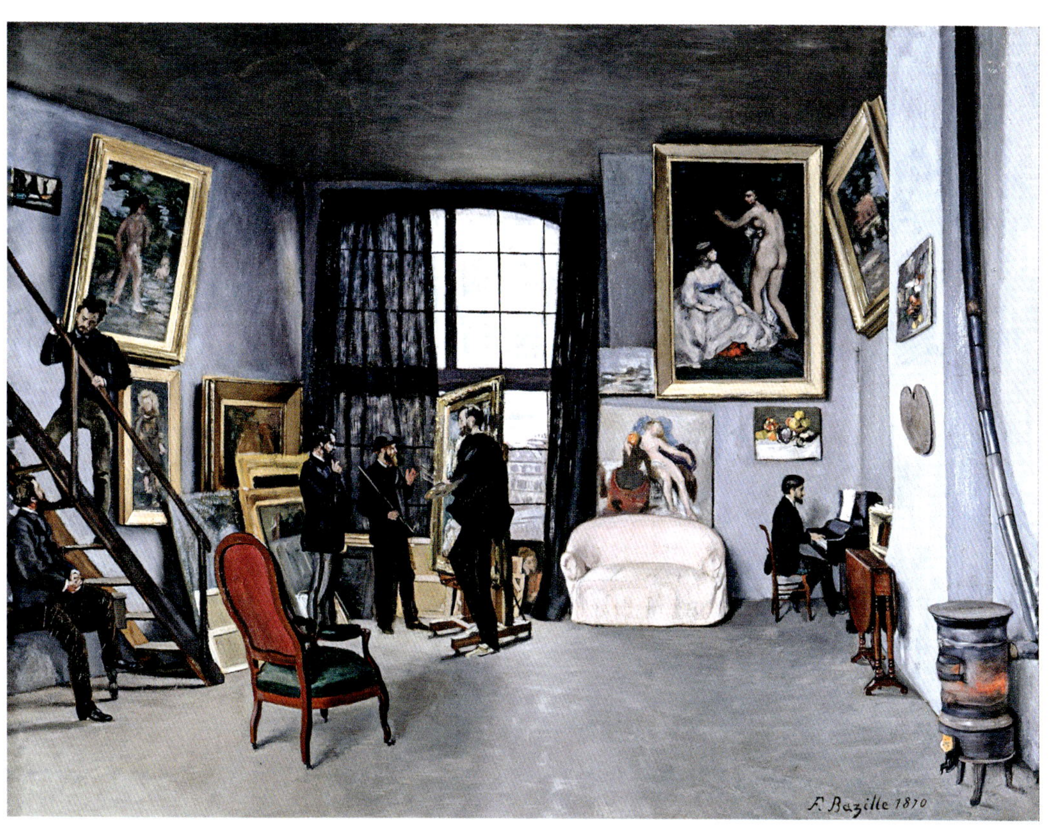
F. Bazille 1870

Camille Pissarro
Schneelandschaft in South Norwood, 1871

Öl auf Leinwand
45 × 55,5 cm
Los Angeles County Museum of Art

1868 werden Pissarros Gemälde zum Salon zugelassen. Und sie werden sogar von der Kritik gelobt. Zola schreibt: »Nie habe ich Gemälde von so meisterhafter Tiefe gesehen. In ihnen vernimmt man die unergründlichen Stimmen der Erde, in ihnen ahnt man das kraftvolle Leben der Bäume.« 1869 zieht die Familie Pissarro nach Louveciennes und 1870 werden wieder zwei seiner Bilder im Salon gezeigt. Es scheint tatsächlich aufwärtszugehen für den inzwischen schon vierzigjährigen Künstler. Doch das ist ein kurzes Glück, denn im Juli des Jahres bricht der Deutsch-Französische Krieg aus und die Familie muss fliehen, zuerst in die Normandie und dann nach London. Als dänischer Staatsbürger hat er keine Ausreiseprobleme. In London trifft er Claude Monet, der ebenfalls vor dem Krieg geflohen ist. »Ich bin mit Monet in London, wir sind begeistert von den Stadtlandschaften. Er arbeitet in den Parks und ich studiere die Effekte des Nebels. Wir arbeiten nach der Natur, doch wir besuchen auch Museen.« Hier sehen sie Werke von John Constable und William Turner, der vor allem bei Monet einen tiefen Eindruck hinterlässt. In London treffen sie den ebenfalls geflohenen Charles-François Daubigny (siehe Seite 15). Durch ihn machen die beiden eine der wohl entscheidendsten Bekanntschaften in ihrem beruflichen Leben, sie lernen den Kunsthändler Paul Durand-Ruel kennen, der während des Krieges in London eine Filiale seiner Pariser Galerie eröffnet hat. Er kauft vier Bilder Pissarros. Wie auch in Paris interessiert sich der Maler in London nicht für die glitzernde »Welthauptstadt«, sondern für die kleinen Dörfer der Peripherie, wie South Norwood im Süden der Stadt. Je länger man das Bild betrachtet, desto mehr gewinnt es. Die sanften Farben eines kalten Wintermorgens erschließen sich dem Auge nur langsam, aber dann umso intensiver. Hier erkennt man bereits die farbigen Schatten und die unterschiedliche Wirkung des Lichts abhängig davon, auf was es trifft, die ein Wesensmerkmal des Impressionismus werden.
1871 endet der Krieg und die Gräuel der Pariser Kommune sind im Mai vorbei. Die Familie kann wieder nach Hause, findet dort aber eine Katastrophe vor. Deutsche Soldaten haben in ihrem Haus gewütet und Pissarros gesamtes bisheriges Werk zertrampelt und zerstört. Von über 1500 Bildern sind gerade einmal vierzig übrig, die ein Nachbar rechtzeitig retten konnte. Pissarro bekommt einen Kriegsschadensersatz von 835 Franc.
Glücklicherweise hatte er in London Paul Durand-Ruel kennengelernt, der ihm jetzt viele seiner neuen Bilder abkaufte und ihm durch monatliche Zahlungen ermöglichte, erstmals genug Geld zu verdienen, um seine Familie selbst zu ernähren. Aber auch das war nicht von Dauer.

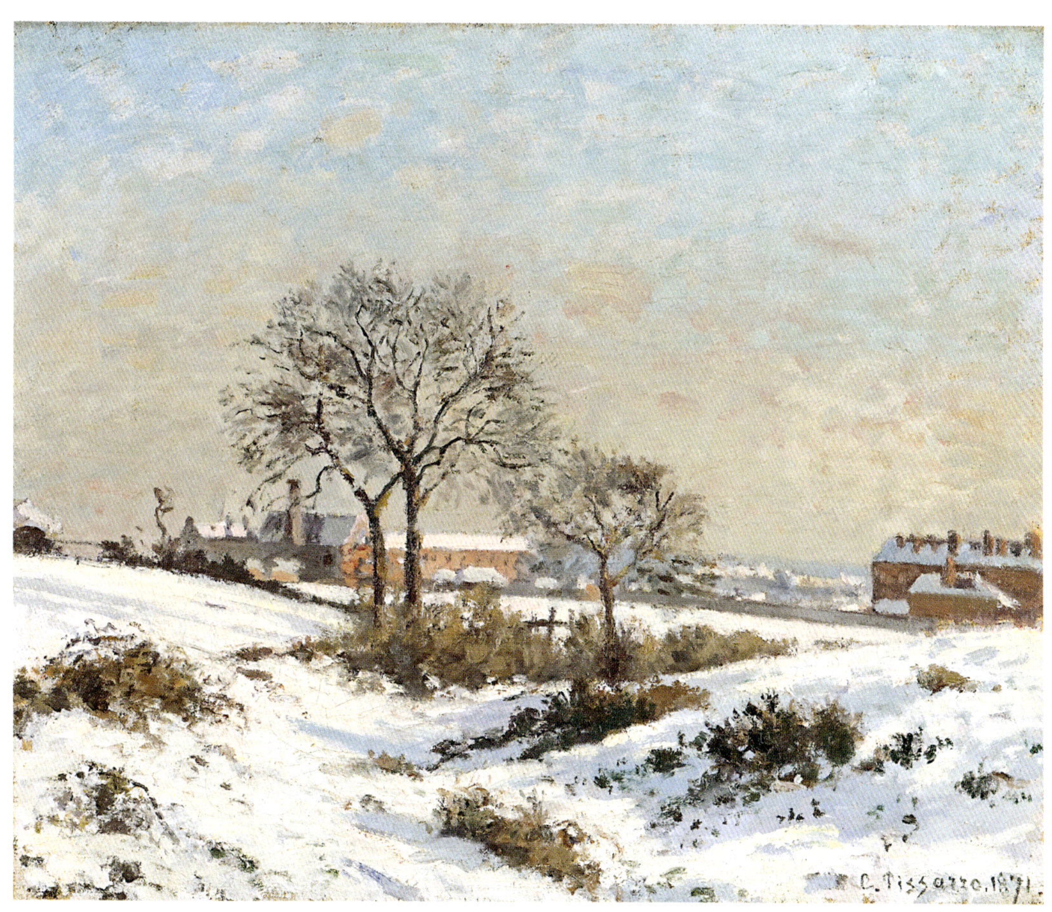
C. Pissarro. 1871.

Claude Monet
Mohnblumen, 1873

Öl auf Leinwand
50 × 65,3 cm
Musée d'Orsay, Paris

Camille Doncieux (1847–1879) kam als Kind mit ihrer Familie von Lyon nach Paris. In den 1860er-Jahren zog die Familie in das Quartier de Batignolles, wo viele Maler ihre Ateliers hatten. Mit 18 Jahren begann sie als Modell zu arbeiten und wird Monet in dieser Zeit kennengelernt haben; schon 1865 ist sie in seinem Gemälde *Frühstück im Grünen* als zentrale, strahlende Figur zu sehen. Insgesamt wird Monet Camille in mindestens 58 Bildern malen, mal mehr, mal weniger prominent. Am bedeutendsten dürfte ihr Auftritt in dem Gemälde *Camille im grünen Kleid* sein, das beim Salon 1866 angenommen wurde und äußerst positive Kritiken erhielt. Im Jahr darauf kam ihr gemeinsamer Sohn Jean zur Welt und Camille war die Frau, die »sein Elend, seine Hoffnungen und Enttäuschungen teilen sollte« (John Rewald). Seine großen Erfolge leider nicht. Obwohl Monets Familie ihm wiederholt rät, sich von Camille zu trennen, bleibt das Paar zusammen und heiratet schließlich im Juni 1870. Trauzeuge war kein geringerer als Gustave Courbet, ein Freund Monets und eines seiner Vorbilder. Bis dahin hatte das Paar schwere Zeiten, die von finanziellen Problemen und deswegen notwendigen häufigen Umzügen geprägt waren. Im Herbst 1870 ging Monet des Krieges wegen nach London, wohin Camille und Jean ihm bald folgen. Nach Frankreich kehren sie erst wieder nach einem Zwischenaufenthalt in den Niederlanden im November 1871 zurück. Durch Vermittlung von Paul Durand-Ruel (siehe Seite 28 ff.) mieten sie sich in Argenteuil ein. Camilles Vater stirbt im gleichen Jahr. Durch ihr Erbe und Bildverkäufe an Durand-Ruel entspannt sich die finanzielle Lage.
Für die Familie Monet war die Zeit in Argenteuil von 1871 bis 1878 weitgehend sorgenfrei. Monet hatte sein Atelierboot (siehe Seite 60/61), Manet und Renoir kamen öfter zu Besuch und sie lernten Gustave Caillebotte kennen. Zwar sieht man den Unterschied zwischen entbehrungsreichen Zeiten und den fröhlicheren in den Bildern der Impressionisten ohnehin kaum bis gar nicht, aber gerade die Mohnblumenwiese, durch die Camille 1873 mit ihrem Sohn läuft, wirkt schwebend fröhlich. Die sommerliche Stimmung überträgt sich durch die flirrend wirkende Malweise auf den Betrachter, und man meint, das leichte Säuseln des Windes in den Gräsern zu hören und den warmen Sommerduft zu riechen. Monet ist auf dem Weg, landschaftliche Momente von außergewöhnlicher Stimmung als seine ganz eigene Kunst zu entwickeln, und zeigt dieses Gemälde bei der ersten Impressionisten-Ausstellung 1874. Was Émile Zola bei diesem Bild allerdings auffällt, und was Monet sich anscheinend zu Herzen genommen hat, ist Folgendes: »Als ein wahrer Pariser nimmt er Paris mit aufs Land. Er kann keine Landschaft malen ohne Damen und Herren in großer Garderobe hineinzusetzen. Die Natur scheint für ihn uninteressant zu werden, wenn sie nicht die Prägung unserer Lebensgewohnheiten trägt.« Das sollte sich in Monets Bildern ändern.

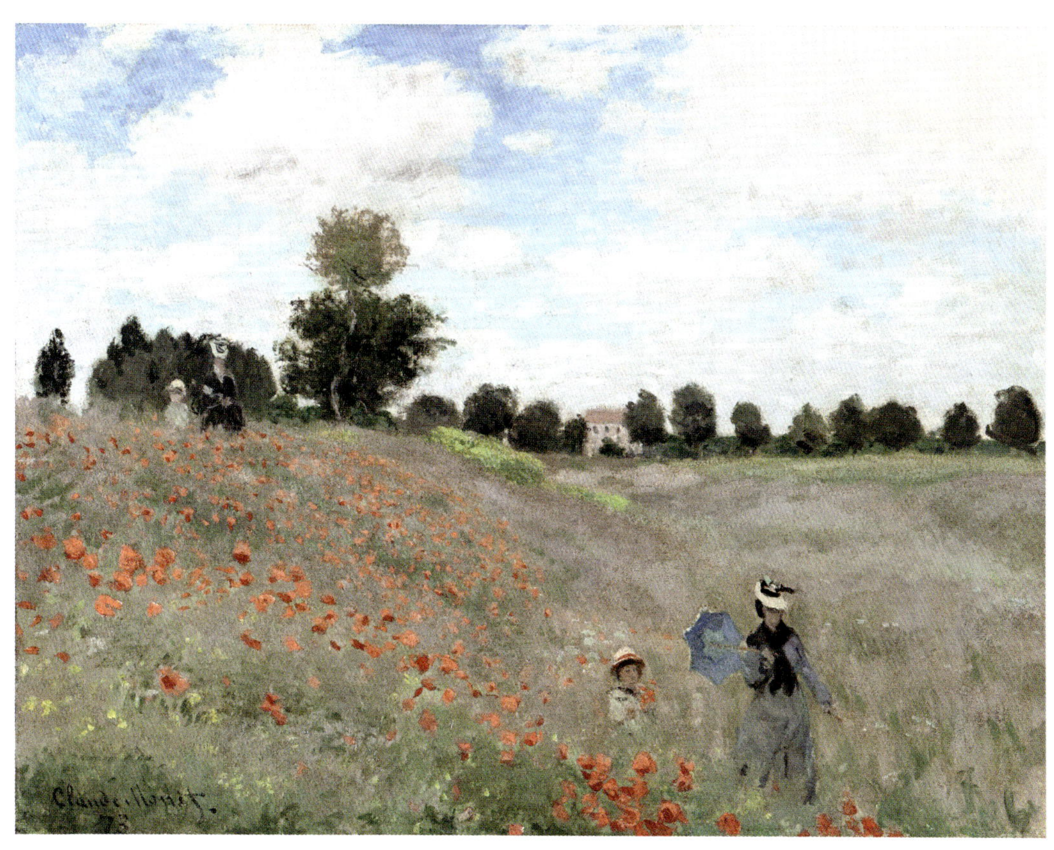
Claude Monet
73

Claude Monet
Boulevard des Capucines, 1873/74

Öl auf Leinwand
80,3 × 60,3 cm
The Nelson-Atkins Museum of Art, Kansas City

Die Forderung der Künstler, die man bald die Impressionisten nennen würde, man müsse das moderne, heutige Leben malen, wurde wahrscheinlich bis dahin kaum je so direkt in die Kunst übertragen, wie in diesem Bild. Zum ersten Mal hatten die Betrachter die Möglichkeit, Kunst und Realität direkt zu vergleichen. Dazu mussten sie nur aus dem Fenster blicken, denn Monet stellte sein Werk dort aus, wo er es erst vor Kurzem gemalt hatte, vom Balkon des Hauses am Boulevard des Capucines. Was sie da sahen, war die neue Haussmann'sche Architektur, die den Fußgängern und dem Verkehr mehr Luft und Raum gab. Die Menschen und Kutschen strömen vorbei und man kann kaum jemanden von hier oben aus tatsächlich erkennen. Die Konturen fließen und die Details verschwimmen. Rechts im Bild sieht man ein paar hellrosa Flecken, die man aber sofort als Ballons erkennt. So ist es auch bei den vorbeiflanierenden Leuten und den Kutschen. Für Monet ist der Unterschied zwischen einem Gemälde mit Landschaft und einem mit Boulevards nicht allzu groß. Bei ihm scheinen die Menschen und der Verkehr eine Art natürlicher Bepflanzung der städtischen Landschaften zu sein.
Die Meinungen über die Qualität des Bildes waren natürlich geteilt. Louis Leroy, der sich schon über *Impression: Sonnenaufgang* echauffiert hatte, macht auch hier keine Ausnahme. In seiner als Dialog verfassten Kritik schreibt er: »Können Sie mir sagen, was die zahllosen schwarzen Tupfen unten im Bild darstellen? ›Das sind Spaziergänger‹, antwortete ich. ›So sehe ich also aus, wenn ich auf dem Boulevard des Capucines spazieren gehe? Donner und Doria! Machen Sie sich etwa über mich lustig?‹« Das war nicht Monets Absicht, aber auch der schwedische Schriftsteller und Maler August Strindberg (1849–1912), der die Ausstellung ebenfalls besuchte, fand das Bild skandalös und kritisierte, dass es zu diffus sei und dass man noch nicht mal den Unterschied zwischen Männern und Frauen erkennen könne. Nachdem er sich allerdings weiter mit der neuen Malerei beschäftigt hatte, kam er vier Jahre später zu dem Schluss, dass es ein Meisterwerk sei und dass man Menschenmengen und das moderne Leben allgemein überhaupt nur so zeigen könne. Der Kritiker des *Paris-Journal*, Ernest Chesneau, wiederum begreift die Intention Monets sofort, denn er schreibt nur zwei Wochen nach Leroy in seiner Kritik: »Niemals zuvor ist das lebhafte Treiben auf den öffentlichen Plätzen, das Gewimmel der Menge auf den Boulevards und der Kutschen auf der Straße, das Flimmern der Bäume in Luft, Staub und Licht, niemals zuvor ist das Ungreifbare, Vergängliche, Flüchtige, die Augenblicklichkeit der Bewegung in ihrem unglaublichen Fluss so eingefangen und festgehalten worden, wie in dieser außergewöhnlichen, wunderbaren Skizze […].«

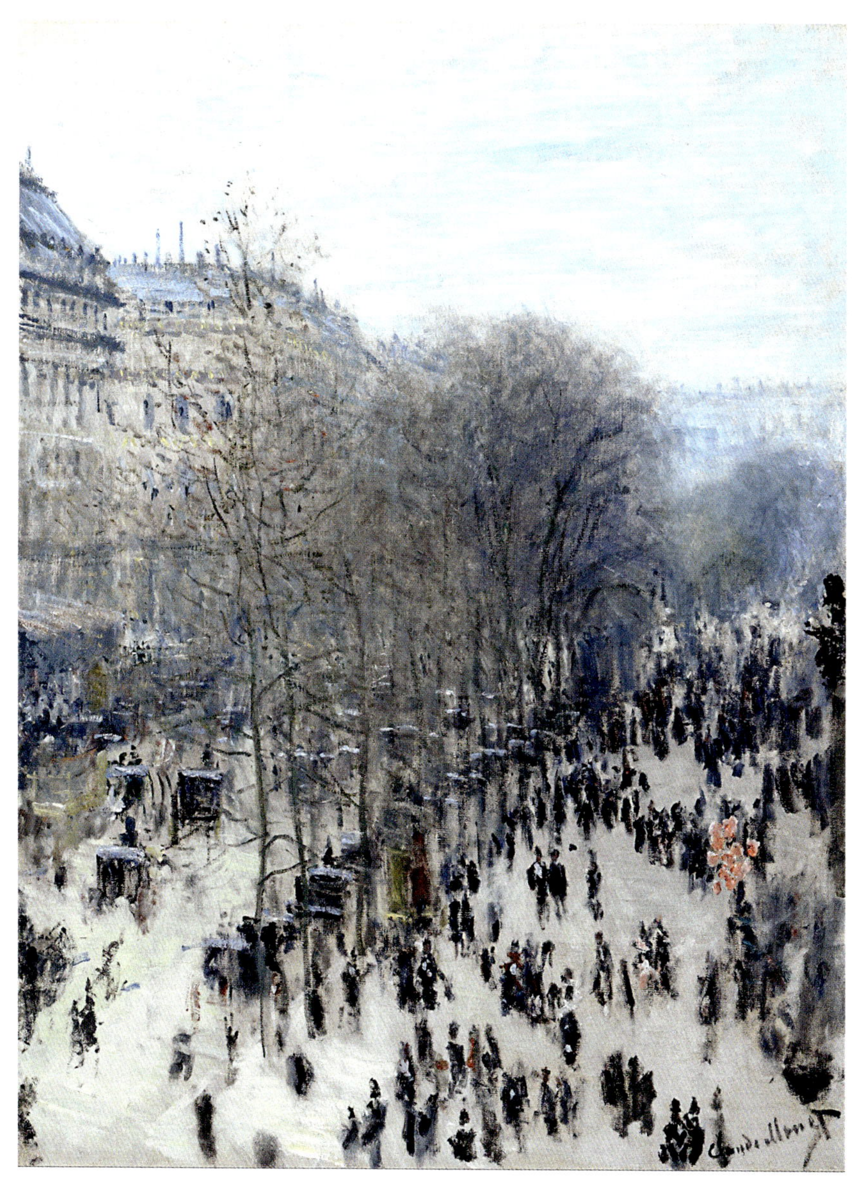

Édouard Manet
Die Barke (Das Atelierboot), 1874

Öl auf Leinwand
82,7 × 105 cm
Neue Pinakothek, München

Obwohl Manet von vielen als das »Haupt der Batignolles-Gruppe« (siehe Seite 24) angesehen und auch wegen seiner Erfolge und Skandale im Salon von den jüngeren Malern bewundert wurde, muss dem älteren Maler bei der Besichtigung der ersten Ausstellung der Impressionisten im April 1874 klar geworden sein, dass er es hier mit der neuen Avantgarde zu tun hatte. Vor allem Monet, Renoir und Morisot mit ihrem frischen, unbefangenen und doch überlegten Umgang mit der Farbe haben ihn beeindruckt. Bisher war Manet der Ansicht gewesen, dass »ihm das Licht in solcher Einheit erscheine, dass ein einziger Ton genüge, um es darzustellen. Und es sei besser, auch wenn es roh anmute, schroff vom Licht zum Schatten überzugehen, als etwas anzuhäufen, das das Auge nicht sieht und das nicht nur die Kraft des Lichtes trübt, sondern auch die Färbung der Schatten abschwächt, die gerade hervorgehoben werden sollten.«
Jetzt ist er bereit, auch auf spezielle Anregung von Berthe Morisot, dazuzulernen und besucht Monet in seinem Haus in Argenteuil. Monet hat sich hier ein Boot zum schwimmenden Atelier umbauen lassen, um auf der Seine der Faszination des Zusammenspiels von Licht und Wasser auf den Grund zu gehen. Die Idee eines Atelierbootes hatte Charles-François Daubigny (siehe Seite 15) schon 15 Jahre vor Monet gehabt. Und von ihm hatte sich Monet sehr wahrscheinlich auch die Anregung geholt. Monet sitzt mit seiner Frau Camille im Boot und scheint die Uferlandschaft zu malen. Im Hintergrund erkennt man, wie in vielen Bildern, die die Impressionisten an der Seine schufen, die rauchenden Schlote der wachsenden Industrie – wie ein Hinweis auf die Modernität dieses Bildes. Manet verlässt also sein Atelier und lässt sich auf das neue Abenteuer ein. Er kommt nicht als »Haupt«, sondern eigentlich als Schüler. Seine Farbpalette hellt sich dramatisch auf und die Übergänge vom Schatten ins Licht sind nicht mehr schroff. Es scheint, als hätte er den Ausspruch des Schweizer Kunsthistorikers Jacob Burckhardt bereits gekannt, der 1886 schrieb: »Ob die Leute andere Augen bekamen, weiß ich nicht, aber es zog eine andere Sonne über den Himmel, welche alle Farben anders erscheinen ließ und namentlich ganz andere Schatten warf.« Vergleicht man Manets Bild mit denen Monets, wirkt es fast wie eine Hommage an den jüngeren Kollegen.
Hier, wo Monet mit seiner Familie seit ihrer Rückkehr aus London lebt und Renoir so oft zu Besuch ist, dass er ein eigenes Bett hat, lernt Manet die Besonderheiten der Pleinairmalerei kennen und schätzen. Er malt unter anderem gleichzeitig mit Renoir Camille mit ihrem Sohn im Garten. Nachdem er Renoirs Bild gesehen hat, nimmt er Monet zu Seite und sagt ihm: »Monet, Sie sind doch mit Renoir befreundet. Raten Sie ihm, einen anderen Beruf zu ergreifen, Sie sehen ja selbst, die Malerei liegt ihm nicht.«

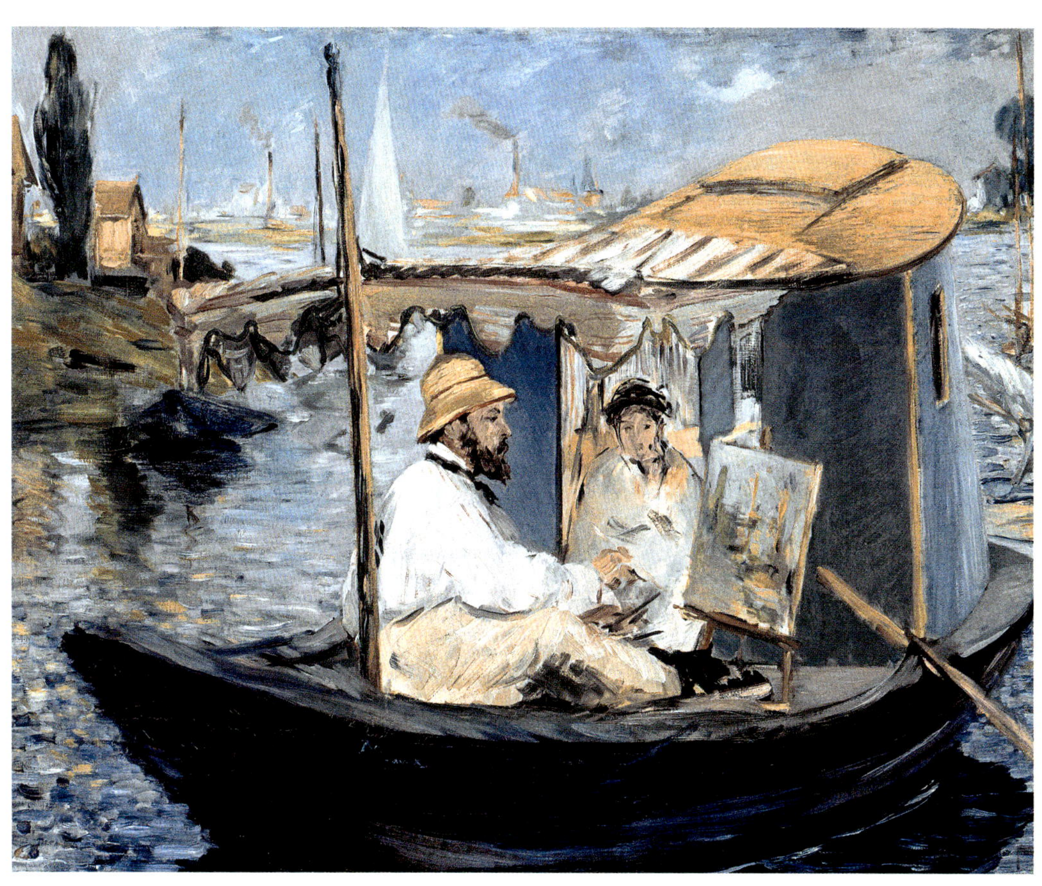

Alfred Sisley
Schnee in Louveciennes, 1874

Öl auf Leinwand
54 × 65 cm
Sammlung Hasso Plattner

Als Alfred Sisley 1862 Claude Monet und Auguste Renoir kennenlernte, hatte er seinen späteren Freunden eine wichtige Seherfahrung bereits voraus: Während seiner Kaufmannslehre in London hatte er die Werke von John Constable und William Turner studiert (siehe Seite 12 und 23), die später vor allem Monet beeinflussen sollten. Zurück in Paris hatte Sisleys Familie mittlerweile akzeptiert, dass ihr Sohn nicht in das familiäre Seidengeschäft einsteigen, sondern Maler werden wollte. 1866 hatte er mit der Teilnahme am Salon einen ersten Erfolg – der sich allerdings nicht so schnell wiederholen sollte. Ganz im Gegenteil: 1870 begann der Deutsch-Französische Krieg, in dem Sisleys Haus in Bougival mitsamt seiner Werke von deutschen Soldaten zerstört wurde. Er ging zurück nach Paris, wo kurze Zeit später, ebenfalls wegen des Krieges, das Familiengeschäft bankrottging. Um Geld zu sparen, zog er mit seiner kleinen Familie nach Louveciennes, wo auch Renoirs Eltern lebten.

Hier malte er 1874 diese zauberhafte Schneelandschaft, die ein Wesensmerkmal des Impressionismus, nämlich farbige Schatten, auf spektakuläre Weise demonstriert. Dass Schatten nicht einfach nur dunkelgraue oder schwarze Flächen auf der sonnenabgewandten Seite eines Gegenstandes sind, sondern durch das umgebende Licht farblich variieren, ist eine Erkenntnis, die mit Pleinair-Malern der Schule von Barbizon und eben den Impressionisten in die Kunst gekommen ist. Auf wenigen Gemälden sieht man den Einfluss des Umgebungslichtes auf Schatten besser als auf diesem Landschaftsbild. Im hellen Sonnenlicht breitet sich eine in Sonnen- und Schattenzone geteilte Schneefläche aus. Das strahlende Blau des Schnees im Schatten, das für das damalige Kunstpublikum eine ziemliche Neuheit war, entsteht durch den sonnigen blauen Himmel, der sich in den Schattenpartien des weißen Schnees reflektiert. Die kurzen Pinselstriche, die ganz aus der Nähe betrachtet ein scheinbar wirres Geflecht ergeben, lassen das Gemälde von einer gewissen Entfernung aus gesehen wie ein Winterfoto wirken.

Wie oft bei Sisleys Werken spielt auch hier der Himmel, der fast die Hälfte des Bildes ausmacht, die entscheidende Rolle: »Das eigentliche Mittel ist der Himmel, er darf nicht nur Hintergrund sein. Im Gegenteil, er verleiht mit seinen verschiedenen Ebenen dem Bild Tiefe, und über seine Form, sein Arrangement in Zusammenspiel mit der Wirkung und dem Aufbau des Bildes verleiht er ihm auch Bewegung. Gibt es etwas Großartigeres und Bewegenderes als das, was im Sommer häufig zu sehen ist? Ich meine einen strahlend blauen Himmel mit schönen, weißen, dahinziehenden Wolken. Ein Hinweis: Ich beginne ein Bild stets mit dem Himmel.« Und das offensichtlich auch im Winter.

Sisleys Bilder ließen sich trotz ihrer hohen Qualität zeitlebens schlecht verkaufen, weswegen er permanent in finanziellen Schwierigkeiten steckte. Er konnte nicht ahnen, dass dieses Gemälde sein teuerstes werden sollte. 2017 wurde es für 9 Millionen US-Dollar versteigert.

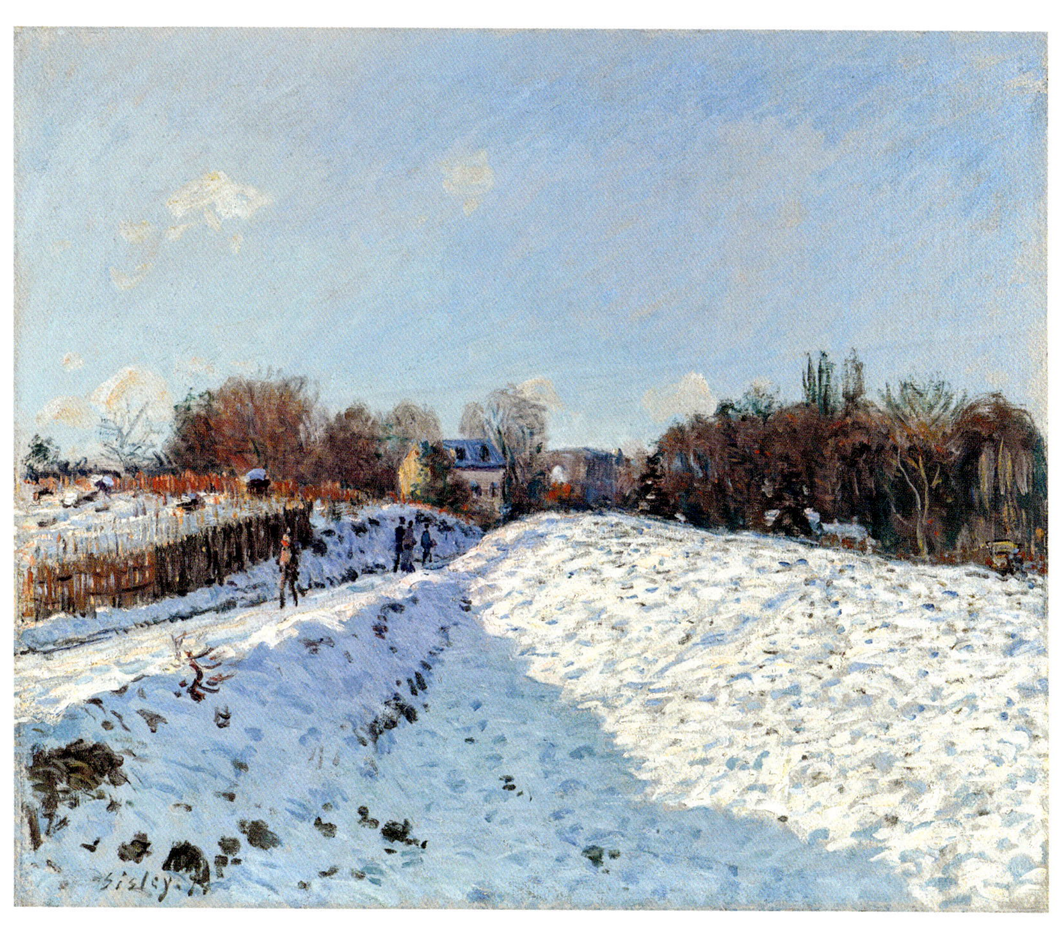
Sisley

Gustave Caillebotte
Die Parkettschleifer, 1875

Öl auf Leinwand
102 × 147 cm
Musée d'Orsay, Paris

Als Caillebotte 1894 starb, vermachte er seine Sammlung von 68 Gemälden der Impressionisten dem französischen Staat. Der einzige Künstler von Rang und Qualität, von dem kein Bild dabei war, war Caillebotte selbst. So wollte sein Nachlassverwalter Renoir die Sammlung aber nicht übergeben, also beschloss er, dass auch *Die Parkettschleifer* dazugehören sollten. Zum ersten Mal gezeigt wurde das Gemälde bei der zweiten Ausstellung der Impressionisten 1876. Caillebotte, der an der École des Beaux-Arts und bei Léon Bonnat studiert hatte, wollte sein Werk eigentlich im Salon hängen sehen, es wurde jedoch abgelehnt. Grund war nicht etwa die Malweise, sondern das Thema. Manche Juroren fanden es geradezu vulgär, denn einfache Arbeiter, noch dazu halb entblößt, waren kein Sujet, das der damaligen Kunst angemessen war. Es gab Bilder von ehrenwerten, demütigen Bauern, von Fischern oder – seit Gustave Courbet – auch von Steineklopfern, aber das städtische Proletariat, dem man jeden Tag auf der Straße begegnete, war dann doch zu viel – auch wenn die drei Handwerker wie Helden der antiken Mythologie wirken, aber eben versetzt ins Paris des ausgehenden 19. Jahrhunderts. Also stellte Caillebotte sein Werk gemeinsam mit den Impressionisten aus. Die waren ja nicht nur für ihre skizzenhafte Malweise bekannt, sondern auch für ihre zeitgenössischen Motive: keine Religion, keine Historie, keine Mythologie, sondern das moderne, aktuelle Leben. Und was wäre wohl aktueller, als die Renovierung der eigenen Wohnung? Caillebottes Vater verdiente viel Geld mit Immobilien, die er während des Haussmann'schen Umbaus von Paris erwarb. Caillebotte ist gleichsam ein Chronist dieses Umbaus (siehe Seite 78/79), vor allem in seiner näheren Umgebung wird er davon zu immer neuen Bildern inspiriert.
Das Gemälde besticht durch die Perspektive und die Spiegelungen, die es so realistisch wie eine Fotografie wirken lassen. Schon bei seinen ersten Bildern fällt Caillebottes besondere Behandlung der Perspektive ins Auge, die sie wie mit einem Weitwinkelobjektiv aufgenommen erscheinen lässt. Caillebottes Bruder Martial beschäftigte sich mit Fotografie, aber es ist unwahrscheinlich, dass sich Caillebotte ihrer zu dieser Zeit bedient hat. Allerdings ist es nicht ausgeschlossen, dass er eine Camera Lucida verwendete, ein kleines optisches Hilfsmittel mit einem Prisma, das gut für exakte Vorzeichnungen geeignet ist.
Caillebotte steht mit seiner Kunst zwischen den Welten. Auf der einen Seite gehört er der reichen Oberschicht an, die man in den faszinierenden Bildern seines Künstlerfreundes, des Salonmalers Jean Béraud (1848–1935), entdecken kann, und andererseits beschäftigt er sich in seinen Bildern mit den Handwerkern, die jene Stadt aufbauen, die zur »Hauptstadt des 19. Jahrhunderts« (Walter Benjamin) werden sollte.

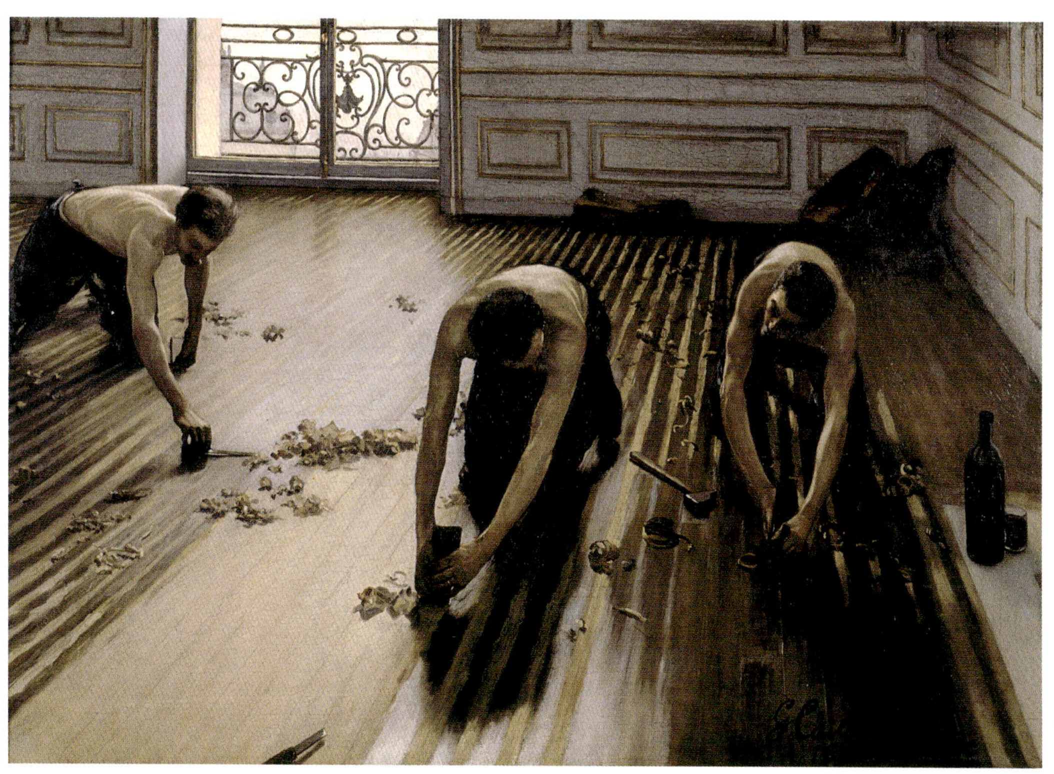

Auguste Renoir
Studie, Akt in der Sonne, um 1876

Öl auf Leinwand
81 × 65 cm
Musée d'Orsay, Paris

Auguste Renoir ist unter den Impressionisten der Spezialist für Aktmalerei. Von einer Ausnahme abgesehen hat sich keiner so ausgiebig mit dieser klassischen Bildgattung beschäftigt wie er. Die Ausnahme ist Edgar Degas, der sich ab Mitte der 1880er-Jahre mit Frauen in Badezimmern, gezeigt während des Waschens, Abtrocknens, Frisierens und sonstigen badezimmerspezifischen Handlungen, beschäftigt hat.
Aktmalerei war schon während Renoirs Arbeit als Porzellanmaler ein zentrales Thema für ihn. Dazu kam seine Vorliebe für die Malerei des Rokoko, in der der Akt ebenfalls eine nicht unwesentliche Rolle spielt. Und im Louvre hatten es ihm die Skulpturen der diversen antiken Damen angetan. »Bildhauer sind die Glücklichen [...], wenn ihre Formen rein sind, werden sie eins mit dem Licht [...].« In den acht Ausstellungen der Impressionisten zeigte Renoir seine Akte allerdings nie – mit der einen Ausnahme dieses *Akts in der Sonne*, den er 1876 in der bei Durand-Ruel organisierten Schau präsentierte.
Anders als der Salonmaler Alexandre Cabanel (siehe Seite 20) bevorzugte Renoir zeitlebens üppigere weibliche Rundungen. Aber wie malt man einen Akt mit den Mitteln des Impressionismus? »Ich betrachte einen nackten Körper und sehe unzählige winzige Farbtöne. Ich muss diejenigen herausfinden, die das Fleisch auf meiner Leinwand zum Leben und zum Schwingen bringt.« Und so hat er es gemacht. Es ist für ein Gemälde dieser Zeit außergewöhnlich, wie das Licht auf dem Körper der jungen Frau spielt, die mit einem nicht allzu verträumten Ausdruck in einer Wiese sitzt.
Allerdings traf das Bild, wie die gesamte zweite Ausstellung der Impressionisten, vor allem bei einem Kritiker des *Figaro*, Albert Wolff, auf heftige Ablehnung: »Fünf oder sechs Wahnsinnige, darunter eine Frau, haben, vom Ehrgeiz verblendet, ihre Werke ausgestellt. Die selbsternannten Künstler nennen sich Umstürzler, Impressionisten, sie nehmen Leinwand, Farbe und Pinsel, werfen wahllos Farbe drauf und signieren das Ganze.« Über Renoirs Akt schrieb Wolff: »Versuchen Sie Renoir zu erklären, dass der Körper einer Frau nicht ein Stück faules Fleisch mit grünen und violetten Flecken ist, die den Zustand völliger Verwesung eines Leichnams kennzeichnen.« In seiner Rage war er allerdings einigermaßen alleine, denn der überwiegende Teil der Kritiker lobte die Farben, das Licht und die Darstellung des Körpers in Renoirs sonnendurchflutetem Akt. Vielleicht stimmte sie der Titel milde, denn Renoir hatte das Bild »Étude«, also Studie genannt. So konnten sie es für sich dementsprechend deuten, obwohl Renoir es natürlich doch als vollendetes Gemälde gedacht und entsprechend deutlich signiert hat.
Trotz allem ließ sich das Bild lange nicht verkaufen, bis sich schließlich Caillebotte seiner annahm und es erwarb. Es gehörte zu der Sammlung, die der Staat »gnädigerweise« als Erbe annahm (siehe Seite 33).

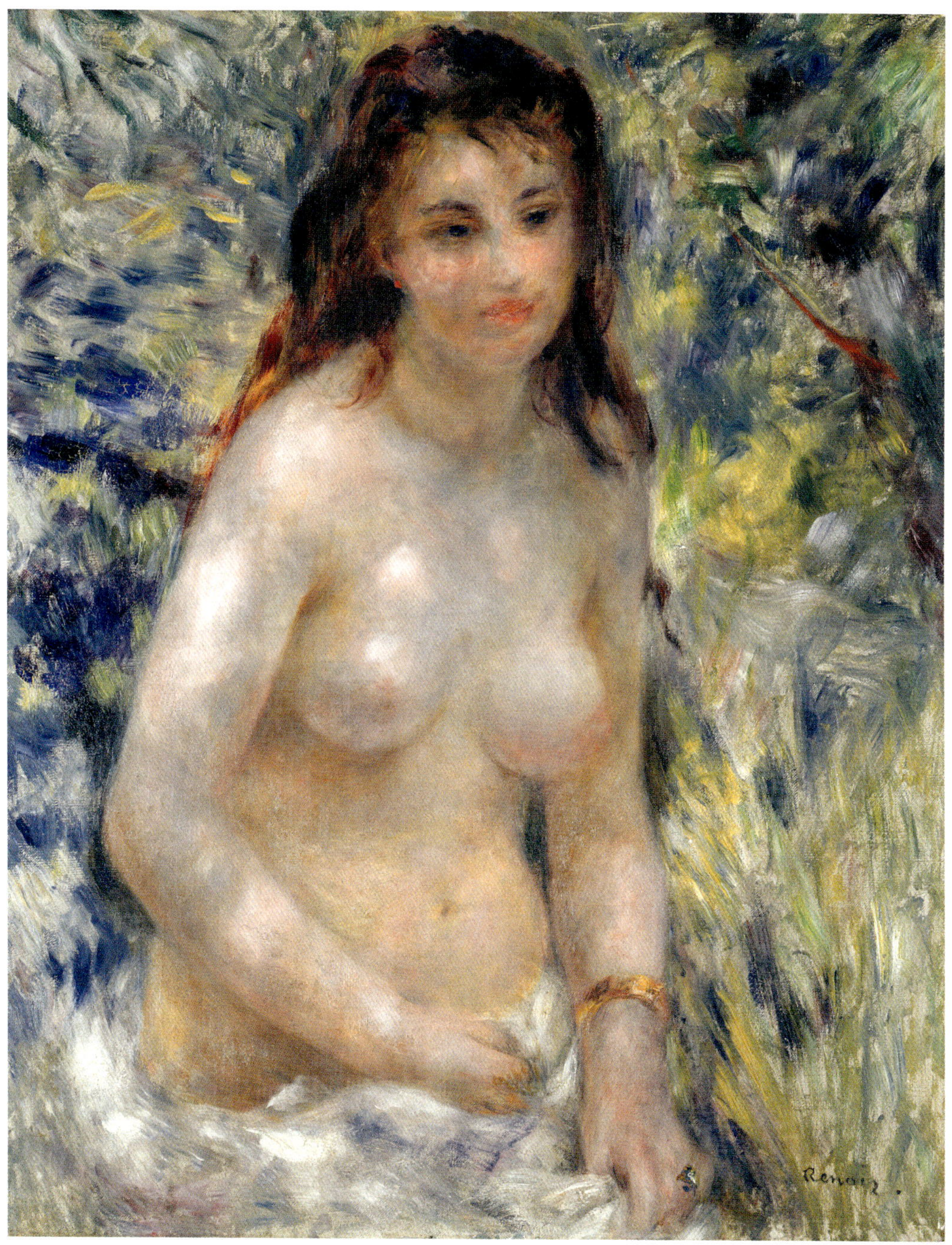
Renoir.

Edgar Degas
Im Café (Der Absinth), 1875/76

Öl auf Leinwand
92 × 68,5 cm
Musée d'Orsay, Paris

Edgar Degas ist derjenige unter den Impressionisten, der den »entscheidenden Moment« in seine Bilder bringt. Ähnliches gelingt so nur noch Caillebotte. Bei den Bildern dieser beiden denkt man unwillkürlich an Fotografie und Schnappschüsse. Es scheint, als hätte Degas diese Szene am Nebentisch beobachtet und auf den Auslöser gedrückt. Das war jedoch so zu dieser Zeit fototechnisch noch nicht möglich. Wahrscheinlicher ist es, dass er eine ähnliche Szene beobachtet und sie sich gemerkt hat. Vielleicht hat er auch Skizzen gemacht.
Was wollte Degas damit ausdrücken? Die Vereinsamung in der Gesellschaft, die Sprachlosigkeit innerhalb von Beziehungen? Die beiden wirken etwas müde und desillusioniert. Die Frau blickt versonnen, geistesabwesend vor sich hin, ohne etwas Bestimmtes zu fixieren. Der Mann dagegen scheint etwas außerhalb des Bildes zu beobachten. Er nimmt fast den gesamten Platz am Tisch ein, während sie an die Seite gedrängt zu sein scheint. Man weiß nicht, wie viele Menschen sich noch in dem Café aufhalten, außer den dreien, die direkt am Bild beteiligt sind: die Frau, der Mann und der Beobachter, dessen Platz wir als Betrachter einnehmen. Degas lässt jegliche Erklärung offen. Handelt es sich um ein Paar? Wenn ja, haben sie Probleme oder ist es einfach einer der Momente, in dem gerade ein jeder für sich seinen Gedanken nachhängt? Der britische Fotograf Martin Parr zeigt in seiner Serie *Bored Couples* (1993) Paare, die sich, wie das von Degas, scheinbar nichts zu sagen haben. Parr führt die Betrachter allerdings aufs Glatteis, indem er selbst mit seiner Frau auf einem der Bilder zu sehen ist. Es ist sein Hinweis darauf, dass man Bildern nicht immer glauben kann. Für Degas gilt das im Prinzip auch, ist aber letztlich Spekulation, denn der Moment, den der Fotograf oder der Maler herausgreift, ist nur ein winziger Ausschnitt aus dem Fluss des Geschehens – aber ein Ausschnitt des gesehenen Lebens, wie es typisch ist für die Impressionisten (auch wenn Degas nicht als solcher bezeichnet werden wollte).
Degas' Gemälde ist aber alles andere als ein Schnappschuss. Er inszenierte dieses Bild in seinem Atelier mit zwei Bekannten: Marcellin Desboutin, Freund und Kupferstecher, und Ellen Andrée, einer Schauspielerin. Er will genau diesen Moment und diese Stimmung erzeugen, wozu er ihnen entsprechende »Regieanweisungen« gegeben haben wird. Das passt zu Degas' Aussage: »Man vermittelt die Vorstellung des Wahren durch das Unwahre.« Das Unwahre ist in diesem Fall die Inszenierung, das Wahre die etwas deprimierende Stimmung.
Der irreführende Titel *Absinth* bezieht sich auf ihr Getränk, Degas hatte das Gemälde schlicht *Im Café* genannt. Es wurde schon viel über die Problematik des Absinths geschrieben, aber in diesem Bild ist das kein Thema, denn beide haben noch volle Gläser vor sich. Und wo sind eigentlich die Tischbeine?

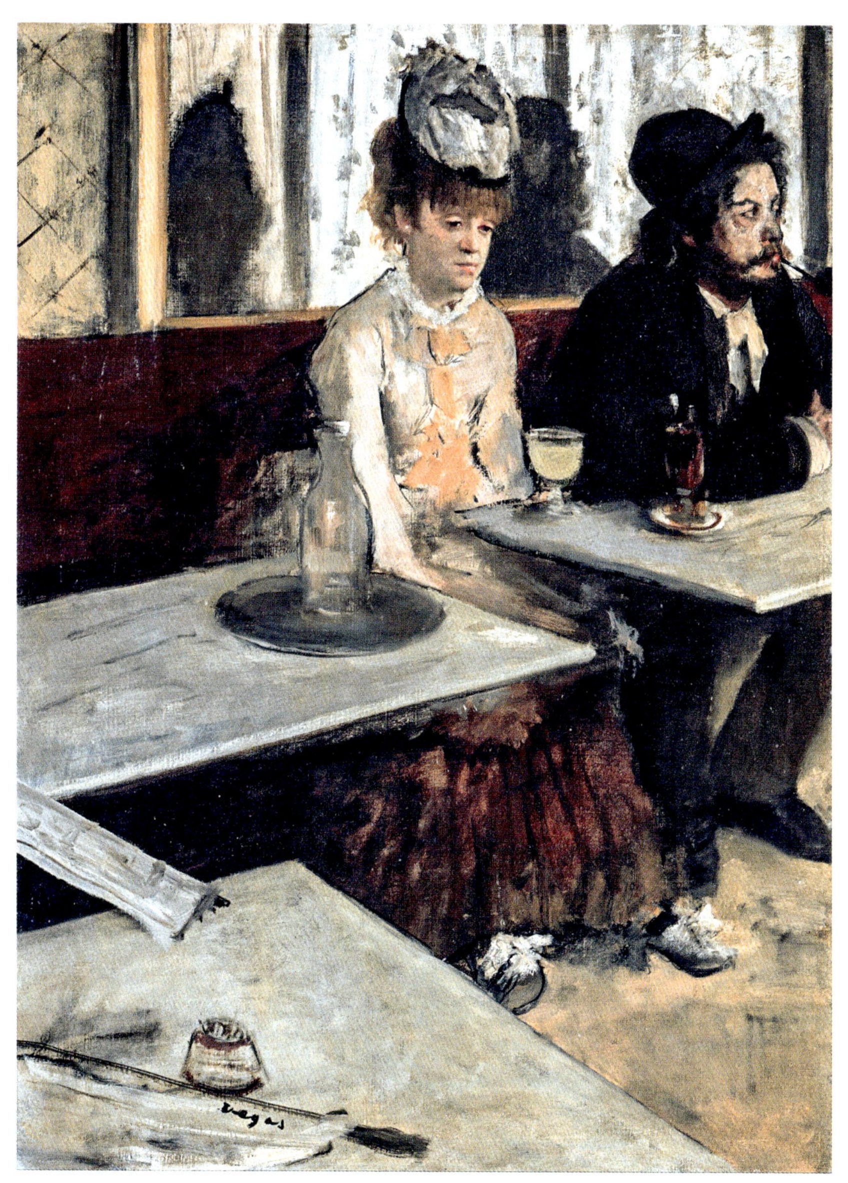
Degas

Berthe Morisot
Morgentoilette, 1875–1880

Öl auf Leinwand
60,3 × 80,4 cm
The Art Institute of Chicago

Es wird oft geschrieben, dass Berthe Morisot bevorzugt Szenen aus ihrem eigenen, privaten Leben malte. Das mag stimmen. Der Grund dafür ist aber nicht ihre Passion fürs Heim, sondern vielmehr, dass es ihr als Frau kaum möglich war, wie ihre männlichen Kollegen in der Öffentlichkeit zu malen. Auch war sie nicht bei den so inspirierenden Diskussionen im Café Guerbois dabei, die Monet so sehr schätzte, denn auch Cafébesuche waren für Damen der gehobenen Gesellschaft damals nicht schicklich. Sie behilft sich mit einem Jour fixe, zu dem die Protagonisten der aktuellen Kunst gerne in ihr Pariser Haus kommen. Hier konnten sie auch sehen, was sie geschaffen hatte, denn anders noch als bei ihren Eltern, wo sie mit ihrer Schwester im Garten ein eigenes Atelier hatte, arbeitete sie im Salon oder im Schlafzimmer und räumte die Malutensilien bei Bedarf weg – wenn sie nicht ohnehin im Freien malte.
Die Dame vor dem Spiegel macht sich, glaubt man dem Titel, für den Tag fein, obwohl man eher denken könnte, es ginge um eine abendliche Garderobe. Wie auch immer, es ist erstaunlich, mit welch beherzten und doch zarten Pinselstrichen sie die Szene auf die Leinwand wirft. Alles scheint von einer Leichtigkeit getragen zu sein, die bei den männlichen Kollegen so nicht zu finden ist. Die Farbpalette ist silbrig glänzend hell und von ein paar pastelligen Rosa-, Lavendel- und Blautönen durchwirkt. Vielleicht kommt hier ihre ferne Verwandtschaft mit dem auch von Renoir verehrten Rokokomaler Jean-Honoré Fragonard zum Ausdruck – Berthe Morisot war dessen Großnichte.
Bei diesem Bild ist schon etwas zu sehen, was Morisot später häufiger machen wird: Sie lässt die Ränder der ungrundierten Leinwand unbearbeitet und suggeriert damit eine Spontaneität, die dem Betrachter das Gefühl eines eben erhaschten Moments gibt.
Die Tatsache, dass sie eine Frau ist, lässt Kritiker sie immer wieder darauf reduzieren. Paul de Charry schrieb beispielsweise: »Warum macht sie sich, bei ihrem Talent, nicht die Mühe, ihre Bilder fertig zu malen? – Morisot ist eine Frau und somit launisch. Wie Eva beißt sie in den Apfel hinein, gibt dann aber viel zu schnell auf. Das ist schade, denn sie beißt sehr gut.« Man weiß nicht, welche Phantasien dieser Kritiker hatte, aber wenn man den Vergleich mit Eva weiterführt, könnte man Morisot zugutehalten, dass sie wie Eva an der Erkenntnis interessiert war, in ihrem Fall an der, wie weit man in der Malerei gehen kann. Und die Adams sind ihr gefolgt, denn Morisot legt in ihrer Pinselführung eine Kühnheit an den Tag, die manche Bilder der männlichen Impressionisten etwas bieder aussehen lässt.

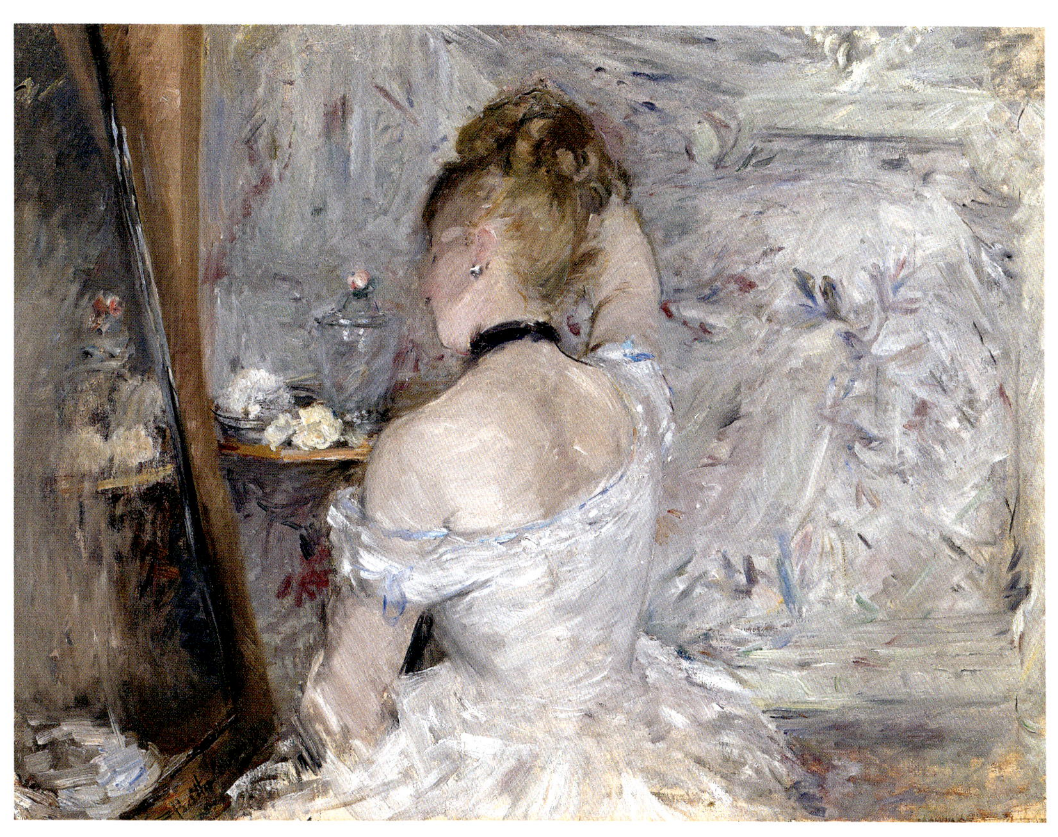

Auguste Renoir
Tanz im Moulin de la Galette, 1876

Öl auf Leinwand
131,5 × 176,5 cm
Musée d'Orsay, Paris

Das 1860 eingemeindete Dorf Montmartre hatte fast 60 000 Einwohnern und 14 Mühlen, von denen die wenigsten noch ihre eigentliche Aufgabe versahen. Findige Mühlenbesitzer wandelten sie in Ausflugs- und Tanzlokale um, in denen sich diejenigen trafen, für die die Etablissements der Stadt zu teuer waren. Das berühmteste dürfte die 1889 gegründete Moulin Rouge sein. Die Moulin de la Galette wurde schon 1870 eröffnet und war eines der beliebtesten Lokale. Auguste Renoir war ein regelmäßiger Gast, wohnte er doch nur ein paar hundert Meter entfernt in der Rue Cortot. Fasziniert vom Treiben im Cafégarten hatte er Skizzen angefertigt und wurde von Freunden überzeugt, daraus ein Gemälde zu machen. Wie für die Impressionisten üblich, malte Renoir das Bild vor Ort, also im Garten der Mühle. Dazu musste die Leinwand mitsamt der dazugehörigen Stellage jeden Tag vom Wohnhaus in die Moulin getragen werden. Auch wenn es auf den ersten Blick wie ein gemalter Schnappschuss aussieht, ist das Gemälde natürlich sorgfältig komponiert und farblich durchdacht. Bestimmend ist die Diagonale der Bank, um die herum sich die Freunde im Vordergrund gruppieren. Festigkeit erhält die Komposition durch die Vertikalen, die die weißen Laternenmasten und die Tanzpaare bilden. Durch das Blätterdach fällt das orange Sonnenlicht auf die heitere Szenerie und nimmt dabei in typisch impressionistischer Manier jeweils unterschiedliche Färbungen an, je nachdem, worauf es trifft: Violett und Mauve auf den blauschwarzen Jacketts, Rosa auf den Gesichtern und Gelb verstärkend an der Stuhllehne. Man sieht eher die Farb- und Lichtimpressionen als die genauen Formen und Konturen. Der Betrachter muss also zur Vervollständigung des Bildes mitarbeiten und die fehlenden Details ergänzen.
Da Renoir nicht davon ausgehen konnte, dass jeden Tag dieselben Leute dort waren, nahm er für die wichtigen Figuren Freunde und Bekannte als Modelle. Allerdings scheinen sich die Gesichter der jungen Frauen wie so oft bei ihm zu ähneln, und man bekommt das Gefühl, dass er nicht unbedingt bestimmte Damen malt, sondern eher sein Ideal von fröhlicher, zeitloser Jugendlichkeit. Bei den Männern scheint der Maler etwas genauer zu arbeiten, so ist beispielsweise der junge Mann mit dem Strohhut ganz rechts als Georges Rivière zu erkennen. Er war Finanzbeamter und Hobbyjournalist, der zur dritten Ausstellung der Impressionisten 1877, bei der dieses Gemälde gezeigt wurde, eine vierbändige Zeitschrift namens *Der Impressionist* veröffentlichte und damit den Begriff »Impressionisten« etablierte. Von ihm stammt der Satz: »Das Bild ist ein Stück Geschichte [...]. Niemals wäre es früher jemandem eingefallen, irgendeine alltägliche Szene auf einer so großen Leinwand wiederzugeben.« Man könnte auch sagen, es ist ein Historienbild, denn es zeigt die Menschen und ihr Leben in Paris. Auch der Preis für dieses Gemälde dürfte historisch sein, wenn es das Musée d'Orsay je verkaufen würde; 1990 wurde eine kleinere Version (78 × 114 cm) für 78,1 Millionen Dollar versteigert.

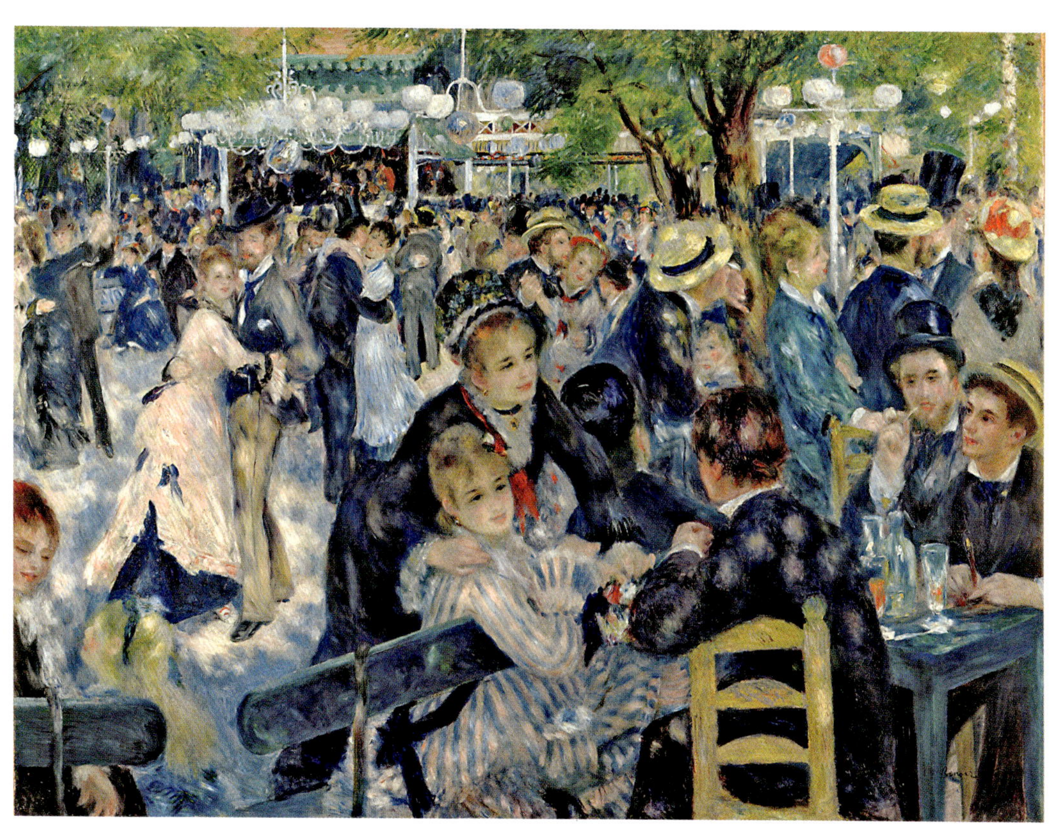

Edgar Degas
Im Konzertcafé: Das Lied des Hundes (Emma Valladon), 1876

Gouache und Pastell
57,5 cm x 45 cm
Henry Havemeyer Jr Collection, New York

Degas' Interesse am Pferdesport ließ Mitte der 1870er-Jahre nach und er konzentrierte sich nun mehr auf das Leben in der Stadt, besonders auf Theater, Ballett und Musik. Neben dem Ballett hatten es ihm besonders die Café-Concerts angetan, die Mitte des Jahrhunderts in Mode kamen. Dies waren größere, bewirtete Säle, teilweise auch mit Gärten, in denen kleine Orchester, Akrobatik, Kleinkunst und auch Chansonsänger für Unterhaltung sorgten. Zu den bekanntesten gehörte das Café des Ambassadeurs, das hier zu sehen ist. Die Sängerin war eine der erfolgreichsten ihrer Zunft, Emma Valladon (genannt Thérésa, 1837–1913). Sie trat auch an europäischen Höfen und international auf. Bekannt und deswegen oft Thema der Karikaturisten war sie für ihren offenbar großen Mund beim Singen. Unter anderem war auch Jodeln bei sogenannten Tyroliennes eine ihrer Spezialitäten. Degas scheint ein großer Fan von Thérésa gewesen zu sein, wofür nicht nur sein zartes Gemälde spricht, sondern auch seine Charakterisierung ihrer Stimme: »[…] sie öffnet ihren großen Mund und herauskommt die sinnlichste Stimme, die feinste, die unkörperlich zarteste, die es geben kann.«
Degas nutzt für die Bilder vom Ballett und von den Cafés-Concerts vermehrt Pastellkreiden. Mit ihnen ist es ihm möglich, auch im Theater schnell und vor allem farbig zu skizzieren. Er machte sich mit den Möglichkeiten dieser Technik vertraut und experimentierte viel, verwendete zum Beispiel Pastell mit Terpentin, was die Farbe schneller trocknen lässt, weil der Pastellkreide der Fettanteil entzogen wird. Zusammen mit dem italienischen Maler und Chemiker Luigi Chialiva (1841–1914), der um 1874 nach Paris kam, entwickelte er ein spezielles Fixativ. Denn anders als viele Maler vor ihm, verzichtete Degas meist darauf, die Farbübergänge zu verwischen, um eine stärkere Wirkung zu erreichen.
Obwohl Degas sich ungern als Impressionist bezeichnen ließ, ist er gerade in der Behandlung der Farbe und des Lichts sehr impressionistisch. Wie seine Pleinair-Kollegen Monet und Renoir achtet auch er sehr auf die Wirkung und die Effekte des Lichts, nur mit dem folgenden Unterschied: »Sie brauchen das natürliche Licht, ich das künstliche.« Die Gaslampen scheinen ein sehr helles, aber eher kaltes Licht zu erzeugen, das den gesamten Garten grünlich blau erscheinen lässt. Die Sängerin selbst wird von einem von unten kommenden Bühnenlicht angestrahlt, was ihr eine besondere Aura verleiht. Die Verteilung von Licht und Schatten betont die Gesten der Künstlerin, die, dem Bildtitel entsprechend, die Bewegungen eines Hundes mimisch nachstellt.

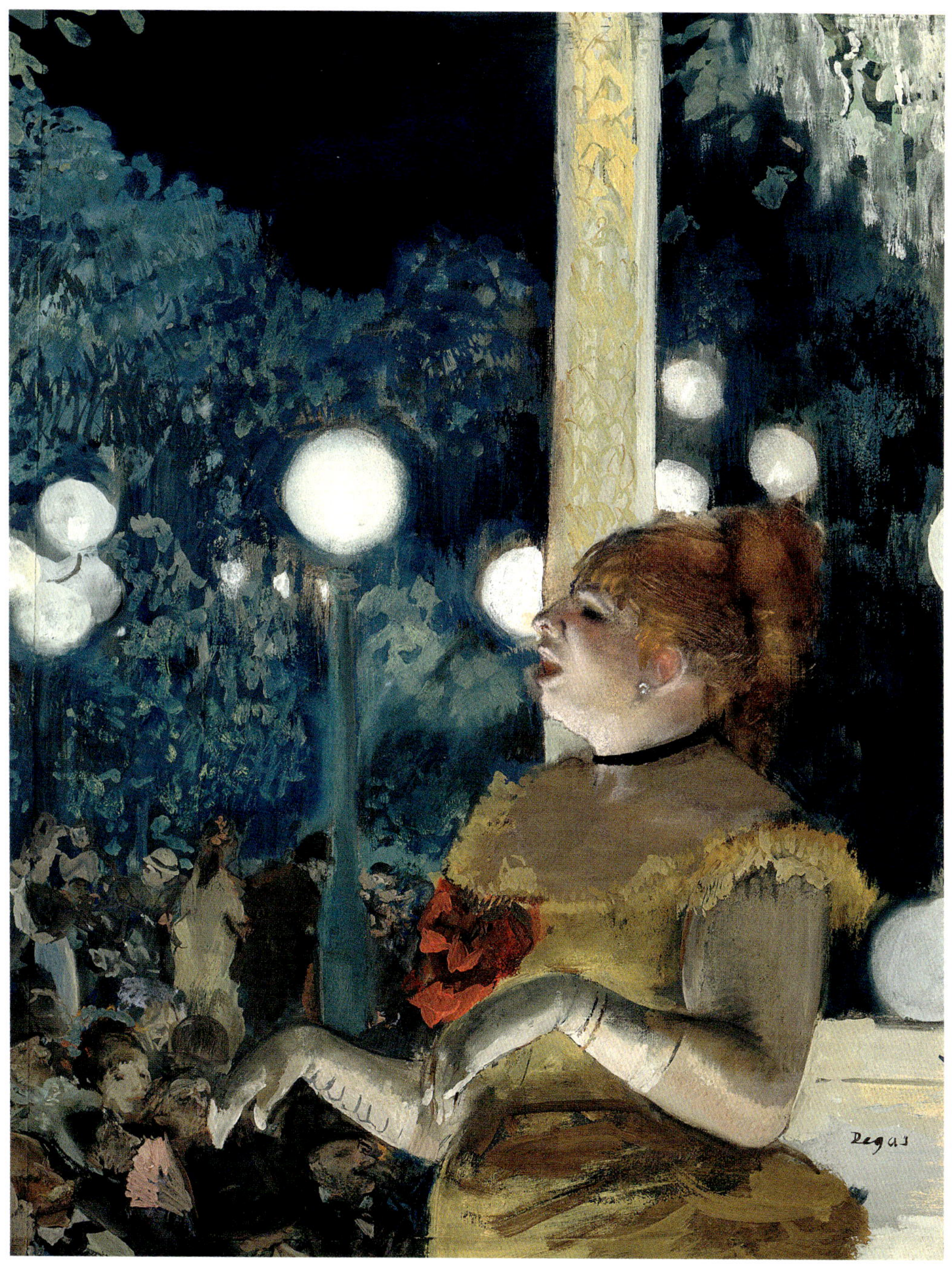
Degas

Alfred Sisley
Das Boot, Überschwemmung in Port-Marly, 1876

Öl auf Leinwand
50,4 × 61 cm
Musée d'Orsay, Paris

Aktuelle Geschehnisse oder ungewöhnliche Ereignisse waren selten ein Thema für die Impressionisten. Eine der wenigen Ausnahmen ist das Seine-Hochwasser von 1876. Nachdem Sisley 1875 nach Marly-le-Roi, einem Nachbardorf von Louveciennes, gezogen war, malte er hier einige Ansichten und wurde gleichsam eine Art Chronist des Orts. Allerdings nicht in dem Sinne, dass er pittoreske Ansichten von wichtigen Gebäuden schuf, wie beispielsweise Alexandre Dumas' (1802–1870) Château de Monte-Christo, das dieser sich hier von den Einnahmen aus den *Drei Musketieren* hatte erbauen lassen. Vielmehr malte er das Dorf, seine Plätze und Wege in impressionistischer Manier. Eine Ausnahme bildete das Maschinenhaus der dampfgetriebenen Pumpe, die das Wasser aus der Seine in die etwa zehn Kilometer entfernten Brunnenanlagen von Versailles pumpte. Dieses Meisterwerk der Ingenieurskunst aus dem 17. Jahrhundert bildete der technikbegeisterte Sisley mehrfach ab. Das Hochwasser im benachbarten Port-Marly malte er wohl weniger aus chronistischen als vielmehr aus visuellen Gründen, denn eine solch außergewöhnliche Wasserfläche dürfte ein Anblick, eine Impression gewesen sein, die einen Impressionisten künstlerisch herausgefordert haben muss. Und er malte nicht nur eines, sondern mindestens ein halbes Dutzend Bilder dieses Ereignisses. Und auch hier gilt wieder: Der Impressionist erfindet keine Bilder, sondern malt, was er sieht.
Wie in vielen von Sisleys Gemälden ist der Horizont sehr tief angelegt, wodurch der Himmel den größten Teil des Bildes einnimmt. Im Gegensatz zu Sisleys anderer Darstellung der Flut im Musée d'Orsay hellt sich das Wetter hier schon wieder auf. Das Wasser scheint abzuziehen. Sisley blickt nicht mehr frontal auf das Gebäude und die weite Wasserfläche, sondern stellt es diagonal dar und begrenzt den Blick durch die überfluteten Bäume. Er konzentriert sich auf das schlammige bräunliche Wasser, in dem sich das Weiß und Blau des Himmels ebenso reflektieren wie die unterschiedlichen Beige- und Brauntöne des Hauses. Durch den Kontrast des massiven Hauses und der Boote mit dem mit breiten Pinselstrichen und leichten Farben gemalten Wasser scheint Letzteres in Bewegung versetzt zu sein.
Die drei Personen in den zwei Booten wirken nicht aufgeregt, sondern vielmehr wie Menschen, die einer solche Überschwemmung mit einer gewissen erfahrenen Gelassenheit begegnen, was auch daran liegen mag, dass die Flut, wie oben erwähnt, abzuziehen scheint.

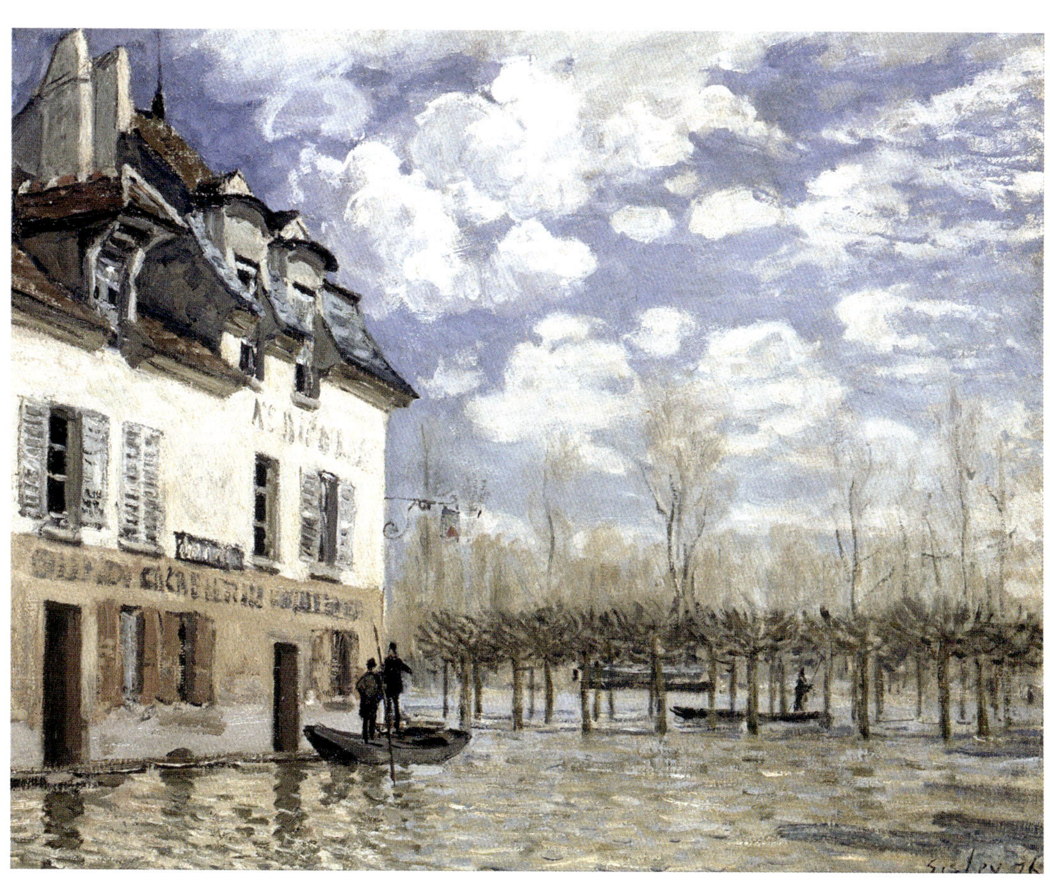

Gustave Caillebotte
Straße in Paris bei Regen, 1877

Öl auf Leinwand
212,2 × 276,2 cm
The Art Institute of Chicago

Das Gemälde wurde zum Hauptereignis der dritten Ausstellung der Impressionisten 1877. Es zeigt den Place de Dublin im Quartier de l'Europe, in dem Caillebotte aufgewachsen war und in dem er die Erneuerung der Stadt miterlebt hatte. »Monsieur Caillebotte ist nur dem Namen nach ein Impressionist«, meinte ein Kritiker, nachdem er dessen Bild gesehen hatte. Und betrachtet man das für einen Impressionisten außergewöhnlich große Werk, könnte man diesem Kritiker fast recht geben. Der Maler scheint genau das Gegenteil der Impressionisten zu machen. Alles ist äußerst präzise ausgeführt, genau so, wie es der traditionellen, akademischen Schule der Zeit entsprach, die die Impressionisten mit ihrer Malerei eigentlich hinter sich lassen wollten.

Caillebotte hat das Bild akribisch vorbereitet und jede Figur sowie die gesamte Anlage des Platzes und seine Perspektive in vielen Zeichnungen studiert. Sogar die Reflexionen auf den Pflastersteinen testete er ausführlich in Ölskizzen. Nichts blieb dem Zufall überlassen. Es gibt auf den ersten Blick also eigentlich nichts, was dieses Bild und seinen Maler zur Gruppe der Impressionisten zählen lassen würde. Der Kritiker schrieb weiter: »Im Gegensatz zu seinen Kollegen, die nur Skizzen als fertige Gemälde abgeben, kann er ernsthaft zeichnen und malen.«

Das Bild muss den zeitgenössischen Betrachter irritiert haben. Durch die extreme Perspektive und die große Nähe zum Hauptmotiv, dem Paar auf dem Bürgersteig, steht er quasi mitten im Bild. Mit einer Bildhöhe von über zwei Metern sind die Figuren im Vordergrund lebensgroß. Sie steuern geradewegs auf den Betrachter zu. Er müsste ihnen im nächsten Moment auf dem engen Gehweg ausweichen, so wie der Herr rechts im Bild. Der Betrachterstandpunkt ist also nicht der »ideale«, objektive der traditionellen Malerei, sondern ein rein subjektiver.

Hat der Kritiker aber recht, wenn er behauptet, Caillebotte sei eigentlich gar kein Impressionist? Nein, im Gegenteil. Émile Zola nannte ihn sogar den mutigsten aller Impressionisten, weil er die Wahrheit zeige, wie sie ist. Zum Impressionismus gehört nicht nur die spontane Maltechnik, sondern in Caillebottes Fall ganz besonders das Motiv. Seine Provokation liegt gerade in der Wahl seines Motivs. Es ist eine klare Absage an die konservative Tradition der akademischen Malerei. Mit diesem und anderen Gemälden, die er in seinem Viertel malte, wie *Le Pont de l'Europe* stellt Caillebotte die Tradition des erhabenen Moments ebenso infrage, wie die des würdigen Bildinhalts. Stattdessen erhebt er einen beliebig herausgegriffenen Augenblick zur Kunst und macht ihn ihrer somit würdig. Diesen Augenblick, die »Kunstwürdigkeit« dieses banalen Moments, betont er zusätzlich durch den ausgeprägten Realismus seiner ausgefeilten Maltechnik.

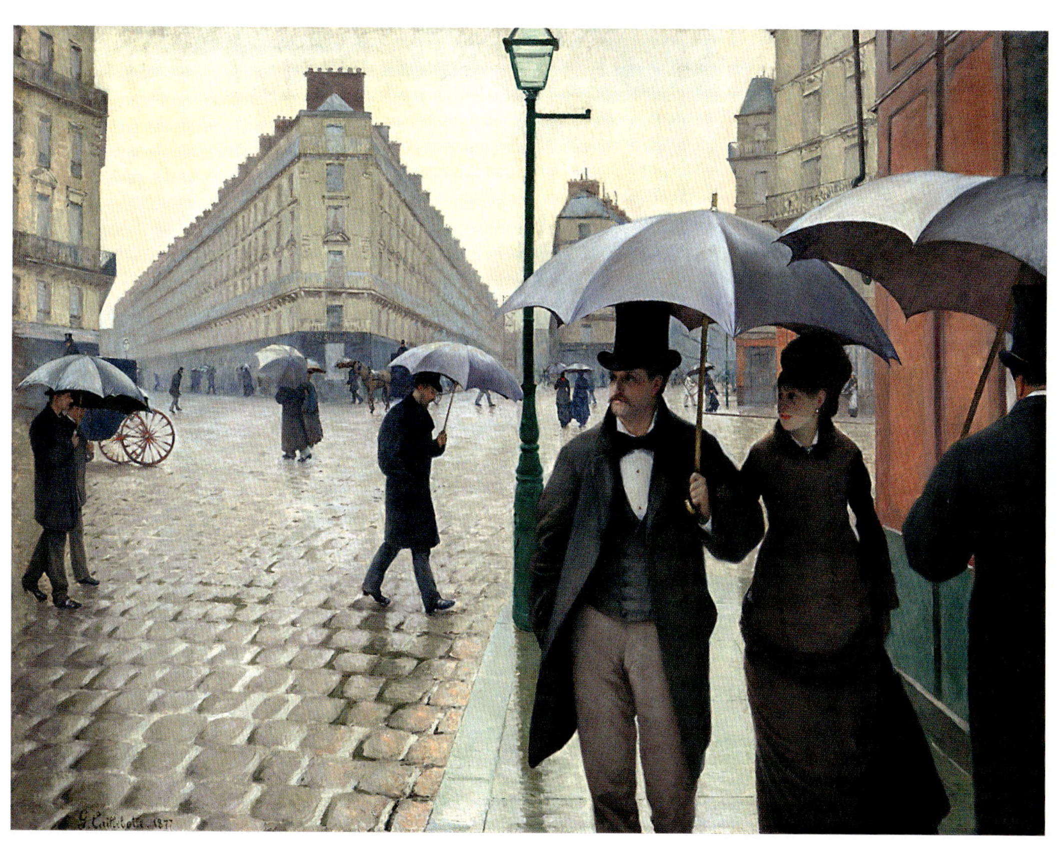

Claude Monet
La Rue Saint Denis, 30. Juni 1878, 1878

Öl auf Leinwand
74 × 52 cm
Musée des Beaux-Arts, Rouen

Die Impressionisten sind nicht dafür bekannt, sich in ihren Bildern mit aktuellen politischen Ereignissen beschäftigt zu haben. Das überließen sie Karikaturisten wie Honoré Daumier (1808–1879). Einzig Édouard Manet macht bisweilen mehr oder weniger aktuelle Geschehnisse zum Thema, wie beispielsweise die Erschießung Kaiser Maximilians 1867 in Mexiko (1868, Kunsthalle Mannheim) oder die Flucht des Sozialisten Henri Rochefort aus Neukaledonien im Jahr 1874, der 1880 nach Paris zurückkehrte (1881, Kunsthaus Zürich). Auch Camille Pissarro war ein politisch interessierter und engagierter Mann, aber in seinen Bildern ist bis auf die Tatsache, dass er sich für die Welt der Bauern und der eher Unterprivilegierten interessierte, kaum etwas davon zu sehen. Die Maler hielten in ihrem Werk im Allgemeinen Abstand zur Politik. Allerdings scheint der Festtag am 30. Juni 1878 eine Ausnahme gewesen zu sein, die Claude Monet tatsächlich dazu bewegt hat, seiner Begeisterung bildlichen Ausdruck zu verleihen. In zwei Gemälden schildert er den gewaltigen Enthusiasmus, der durch die Boulevards schwappte. Der äußere Anlass dieses Festes für »Frieden und Arbeit« war die 3. Weltausstellung in Paris. Für die republikanische Regierung war sie ein Symbol der Erholung Frankreichs nach dem Krieg von 1870/71 und die Entstehung einer demokratischen Gesellschaft, die die Dritte Französische Republik bildete. Der 30. Juni blieb allerdings nicht der Nationalfeiertag, denn der wurde bekanntermaßen auf den Jahrestag der Erstürmung der Bastille am 14. Juli verlegt. 1880 wurde dieser zum ersten Mal feierlich begangen.

Die Begeisterung Monets zeigt sich unter anderem darin, dass auf einer Fahne »VIVE LA REP« (für »Republic«) zu lesen ist und der Ausruf »VIVE LA FRANCE« wie ein Banner über der Straße zu hängen scheint. Hier kann man allerdings auch den Eindruck haben, dass Monet den Ausruf als solches malerisch kaschiert hat. Das Ereignis scheint eine sehr positive Impression für Monet gewesen zu sein; nicht zuletzt auch, weil er beide Bilder sofort verkaufen konnte. Das gezeigte erwarb schon am 1. August der Komponist Emmanuel Chabrier, das des Musée d'Orsay Dr. Georges de Bellio (1828–1894), der schon ab 1874 viele Bilder Monets und anderer Impressionisten gekauft hatte, unter anderem das namengebende *Impression: Sonnenaufgang*. Bellio war einer der großen Unterstützer der Maler und erstand im Lauf der Zeit 143 Gemälde, 6 Pastelle, 133 Aquarelle und 170 Grafiken, die heute über die Museen der Welt verstreut sind.

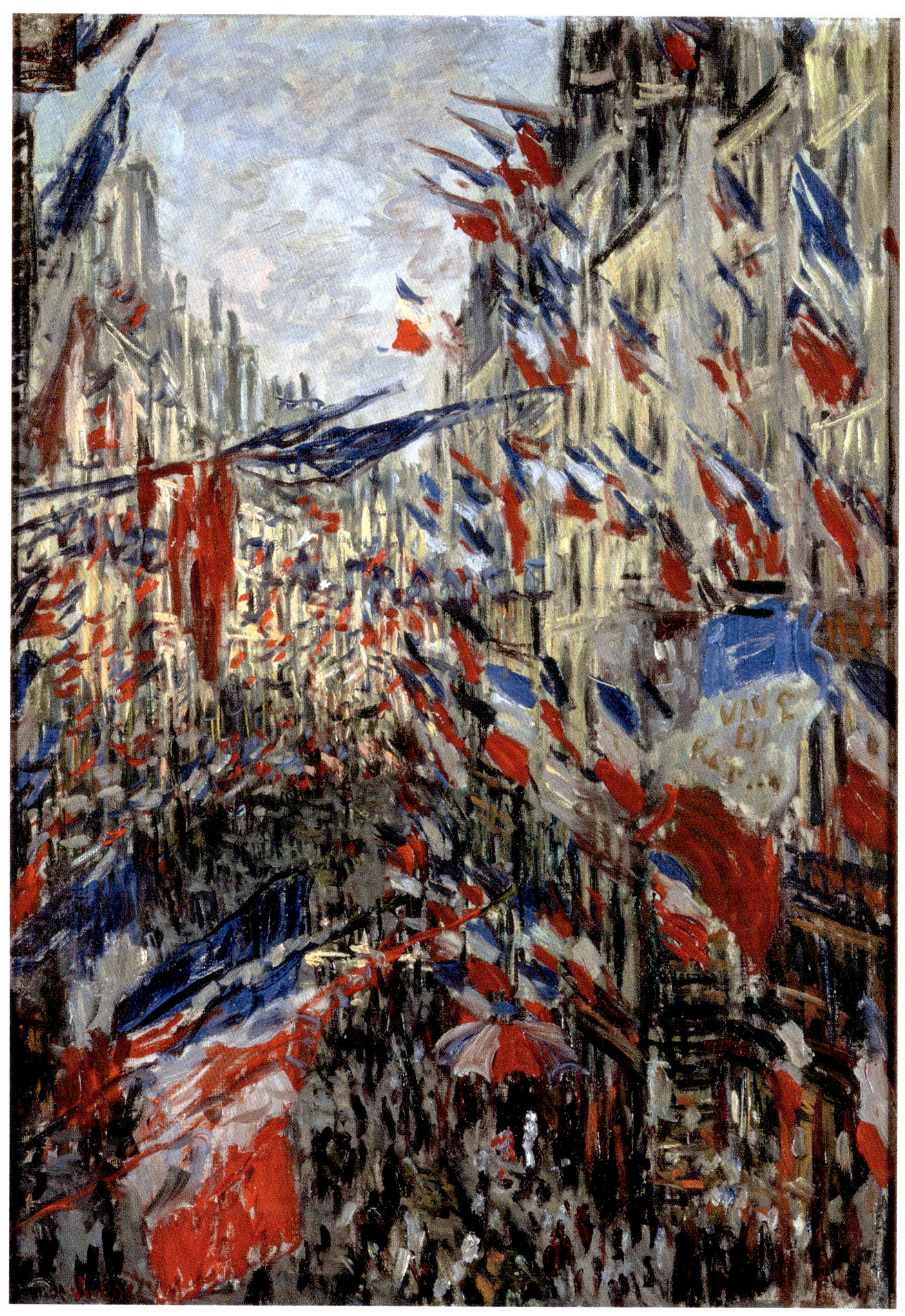
VIVE

Edgar Degas
Die Tanzstunde, 1879

Öl auf Leinwand
38 × 88 cm
National Gallery of Art, Washington

Degas' Bilder vom Ballett sind ebenso Ikonen des Impressionismus wie Monets Darstellungen von Seerosen. Schon seinerzeit waren sie sehr beliebt, was dem Maler sehr zupasskam. Als 1874 sein Vater starb, stellte sich heraus, dass die Pariser Familienbank nur durch Kredite am Leben gehalten wurde und sein Bruder René zu viele Geschäftsschulden angehäuft hatte. Edgar musste Geld verdienen. Dass sich die Ballettbilder gut verkauften, war da ein Glücksfall. Der Galerist Durand-Ruel meinte, die Kunden wollten ohnehin »immer nur Tänzerinnen«. Und Degas lieferte. Am Ende seines Malerlebens waren rund die Hälfte seines Werkes Ballettbilder.

Aber auch beim Ballett, wie in allen anderen Bereichen, interessiert er sich nicht für die strahlenden Aufführungen oder das Publikum und dessen Glamour in den Foyers von Theater und Oper, wie es Mary Cassatt (siehe Seite 86/87) gerne in ihren Bildern zeigt. Man ahnt den Zauber des Theaters in Degas' Bildern. Gleichzeitig aber betreibt er dessen Entzauberung und damit auch die Entzauberung des vergnügungssüchtigen Publikums, das sich die Mühen und Qualen, die mit einer glänzenden Aufführung verbunden sind, und die finanziellen und gesellschaftlichen Probleme der jungen Tänzerinnen nicht bewusst machen will. Degas zeigt die stillen Momente hinter der Bühne, weitab vom glamourösen Treiben, die Müdigkeit, die Ruhe, die Vorbereitungen. Er zeigt die Tänzerinnen in scheinbar unbeobachteten Momenten. Degas war mit einigen Ballettmeistern befreundet und hatte exklusiven Zugang hinter die Kulissen, den er weidlich nutzte. Laut den Einlassbüchern war er innerhalb von sieben Jahren 177-mal dort. »Das gleiche Motiv muss man zehnmal, sogar hundertmal wiederholen. Nichts in der Kunst darf einem Zufall gleichen, nicht einmal die Bewegung.«

Das Bild mit seinem ungewöhnlichen Querformat gehört zu einer Gruppe von rund vierzig Gemälden, die alle eine ähnliche Ansicht zeigen. Wieder waren es die japanischen Vorbilder, die seine kompositorische Phantasie angeregt haben. Und wieder arbeitete er in seinem Atelier akribisch daran. Anhand einer Kompositionsskizze legte er ein paar Elemente fest, um die er das Bild komponierte: Die sitzende Tänzerin in der Mitte, das Fenster ganz rechts und der links am Boden liegende Kontrabass bilden das Grundgerüst. Drumherum arrangierte er die übrigen Figuren.

Der Schriftsteller Edmond Goncourt besuchte Degas im Atelier und erzählte: »Der Maler legt uns seine Gemälde von Tänzerinnen vor und von Zeit zu Zeit [...] ahmt er eine ihrer Arabesken nach [...] und es ist wirklich ein sehr ergötzlicher Anblick [...]. Ein origineller Bursche, dieser Degas [...] ein ungewöhnlich feinfühliger Mensch, auf den die Eigenart jedes Dinges wirkt. Er ist derjenige, der von allen, die mir bisher begegneten, die Seele des modernen Lebens am besten auffing.«

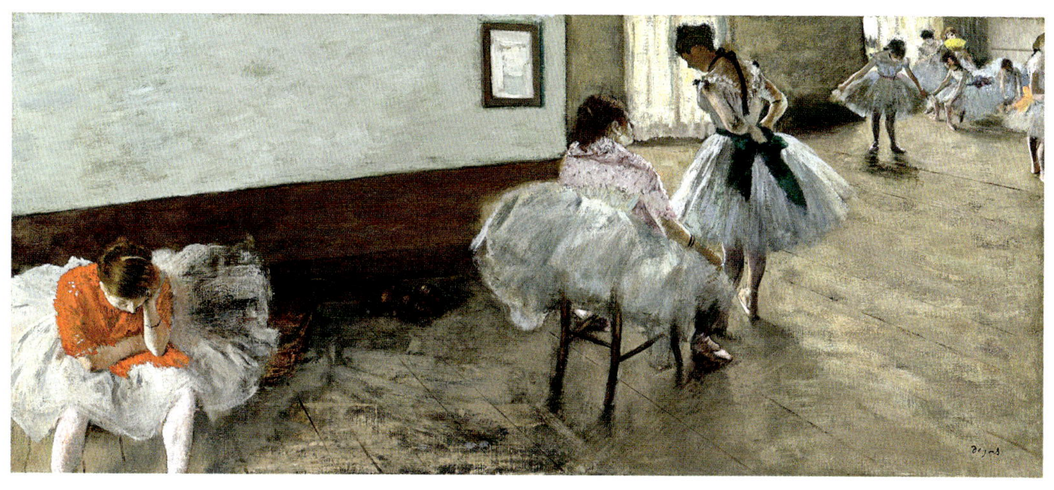

Claude Monet
Camille auf dem Totenbett, 1879

Öl auf Leinwand
90 × 68 cm
Musée d'Orsay, Paris

Mitte der 1870er-Jahre schien es für die Familie Monet aufwärtszugehen. Die Nachfrage nach der neuen Kunst stieg und mit ihr die Preise. 1876 bekam Monet einen Auftrag von Ernest Hoschedé, einem reichen Stoffgroßhändler, und dessen Frau Alice. Das Paar hatte sich bereits eine große Sammlung impressionistischer Gemälde zusammengekauft, darunter *Impression: Sonnenaufgang* für 800 Franc. Monet sollte vier Wandbilder für den Salon auf Hoschedés Schloss Rottembourg malen. Im März 1878 bekamen die Monets ihren zweiten Sohn, Michel. Doch dann häuften sich die Hiobsbotschaften: Hoschedé ging bankrott und seine Kunstsammlung mit über hundert Werken wurde 1878 weit unter Wert versteigert, was die Preise für neue Bilder in den Keller fallen ließ und die Kritiker in ihrer Meinung bestätige, dass diese Kunst ohnehin nichts wert wäre. Hoschedé zog in seiner Not mit seiner Frau Alice und ihren sechs Kindern zu den Monets, die ihrerseits nach Vertheuil umsiedeln mussten, das noch nicht mal eine Zugverbindung nach Paris hatte. Dazu kam, dass Camille schon 1877 an Unterleibskrebs erkrankt war und sich ihr Gesundheitszustand in dieser schweren Zeit zusehends verschlechterte. Am 5. September 1879 starb Camille schließlich mit nur 32 Jahren. Sie hat den immensen Erfolg ihres Mannes nicht mehr erlebt.

Auf ihrem Totenbett malte Monet Camille noch ein letztes Mal; es scheint, als würde sie zwischen den Farben verschwinden. Wie er später an seinen Freund Georges Clemenceau schrieb, machte er sich deswegen Vorwürfe: »Meine Augen hafteten starr an der tragischen Schläfe, und ich ertappte mich dabei, wie ich dem Tode in den Schattierungen des Kolorits folgte, das er in allmählichen Abstufungen dem Antlitz auflegte. Blaue, gelbe, graue Töne, was weiß ich. So weit war es mit mir gekommen. Ganz natürlich war der Wunsch in mir rege geworden, das Bild von ihr festzuhalten, die für immer von uns ging. Doch ehe mir der Gedanke kam, die mir so lieben, vertrauten Züge aufzuzeichnen, vollzog sich vorher in mir automatisch die organische Erschütterung durch die Farbe, und Reflexe nahmen mich wider meinen Willen während eines unbewussten Vorgangs gefangen, in dem der alltägliche Lauf meines Lebens einsetzte. So wie das Tier, das seinen Mühlstein dreht. Beklagen Sie mich, mein Freund.«

Die Angst Monets, dass dieses Bild gefühllos und er von der Malerei besessen sei, ist natürlich unbegründet. Es war eine naheliegende Möglichkeit mit diesem Schicksal umzugehen. In traumatischen Situationen greift man auf der Suche nach Sicherheit und Halt häufig zu vertrauten Verhaltensweisen. Monet hat das Bild nie ausgestellt oder gar verkauft; er behielt es bis zu seinem eigenen Tod.

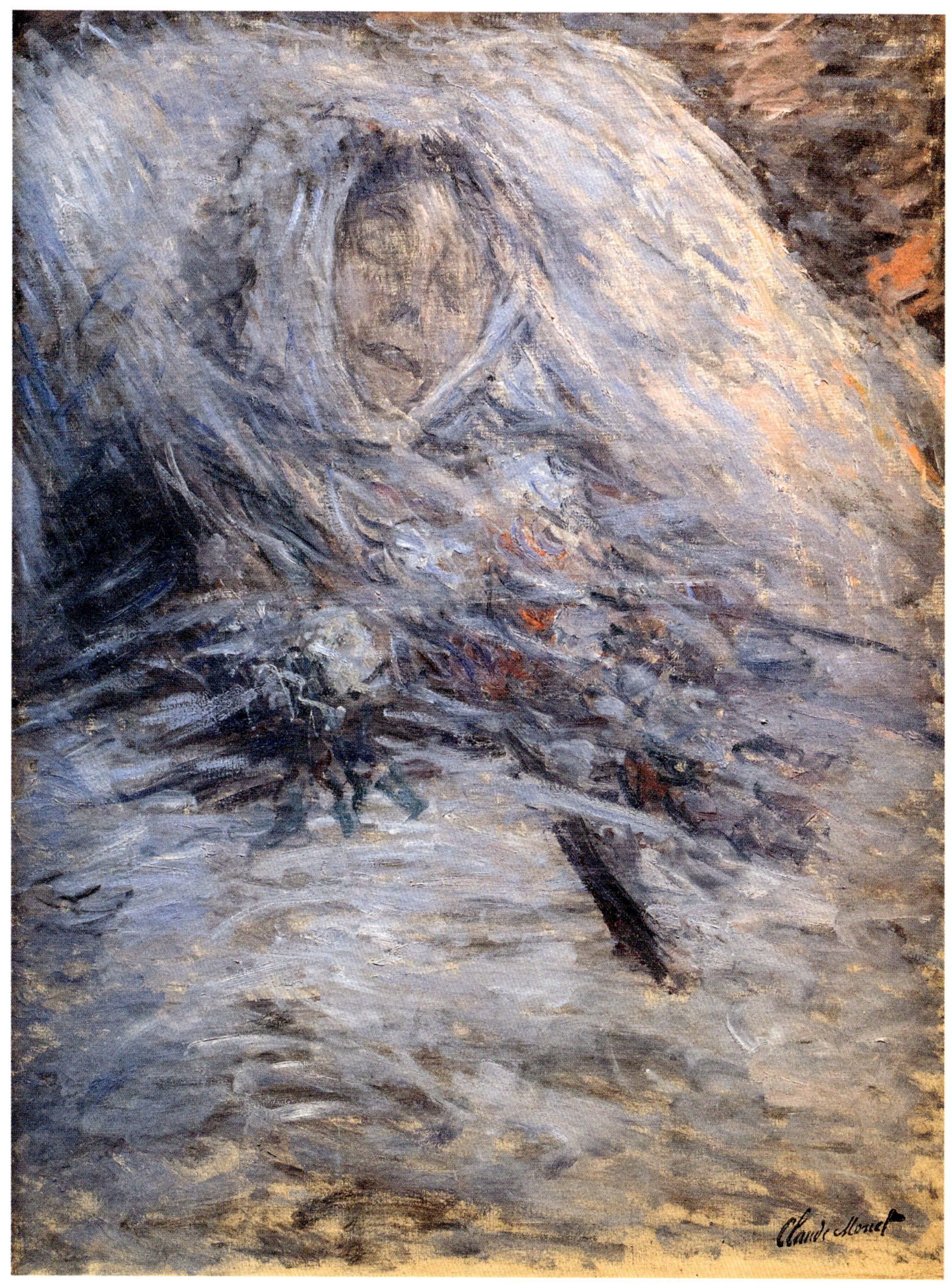
Claude Monet

Mary Cassatt
Frau mit Perlenkette in einer Loge, 1879

Öl auf Leinwand
81,3 × 59,7 cm
Philadelphia Museum of Art

Als Mary Cassatt ihre Bilder 1874 im Salon ausstellte, wurde Edgar Degas auf die Amerikanerin aufmerksam. Cassatts Begeisterung für den Salon ließ allerdings schnell nach, als 1875 ein Gemälde von ihr abgelehnt und im darauffolgenden Jahr dann doch angenommen wurde – sie hatte einfach den Hintergrund in akademischer Manier abgedunkelt. Das war ihr zu viel künstlerische Heuchelei. Ihre Malerei wurde freier und deswegen auch 1877 wieder abgelehnt. Hier kam Degas wieder ins Spiel, der sie einlud, ihre Werke bei der nächsten Ausstellung seiner Gruppe von unabhängigen Malern zu zeigen. Das geschah schließlich 1879 bei der vierten Impressionisten-Ausstellung. Ihrer Leidenschaft zum Theater folgend, schuf sie eine ganze Serie zu diesem Thema. Das Bild einer Dame in einer Loge der Pariser Oper ist ein für Cassatt typisches Werk dieser Zeit. Anders als Degas war sie am Publikum interessiert, wie es elegant und herausgeputzt in den Logen sich selbst präsentierte. Die rotblonde Dame auf dem Bild gilt als ihre Schwester Lydia, die inzwischen bei ihr und ihren Eltern in Paris lebte. Ähnlich wie bei Degas stand auch für die Amerikanerin die Zeichnung im Vordergrund. Die Farbe spielte insofern eine Rolle, als Cassatt von den Effekten des künstlichen Lichts fasziniert und sie versiert einzufangen im Stande war. Das Gemälde wurde mit viel Lob bedacht, sowohl von den Kollegen als auch von der Kritik. Sie wurde ein wichtiger Teil der Gruppe und zeigte ihre Werke auch bei den Ausstellungen von 1880, 1881 und 1886.
Sie war auch im Hintergrund für die Impressionisten hilfreich, da sie dem Geldadel Pennsylvanias entstammte und einflussreiche und wohlhabende Freunde in den USA hatte, wie beispielsweise Louisine W. Havemeyer, der sie schon 1877 Bilder von Monet und Degas zum Kauf empfohlen hatte. Wahrscheinlich waren das die ersten impressionistischen Gemälde, die nach Amerika kamen. 1885 vermittelte sie Paul Durand-Ruel eine Einladung der American Art Association, durch die er in den USA Fuß fassen konnte (siehe Seite 28 ff.).
Ein anderer Schwerpunkt ihres Schaffens waren Bilder häuslicher Szenen von Müttern mit Kindern, was durch die Einschränkungen bedingt war, die sie als Frau – nicht anders ging es zum Beispiel auch Berthe Morisot – in der Pariser Gesellschaft erdulden musste. In den 1890er-Jahren beschäftigte sich Cassatt mit Druckgrafik und japanischer Kunst, die in Paris immer noch sehr in Mode war. Hier schuf sie mit Kaltnadelradierung erstaunliche Werke zu ihrem thematischen Schwerpunkt von Figuren in Innenräumen. *Der Brief* von 1891, der fast wie ein japanisches Original anmutet, dürfte das bekannteste Blatt sein. 1904 wurde sie Ritter der französischen Ehrenlegion. 1914 erkrankte Mary Cassatt an Grauem Star, erblindete fast vollständig und gab die Malerei auf. Sie starb 1926.

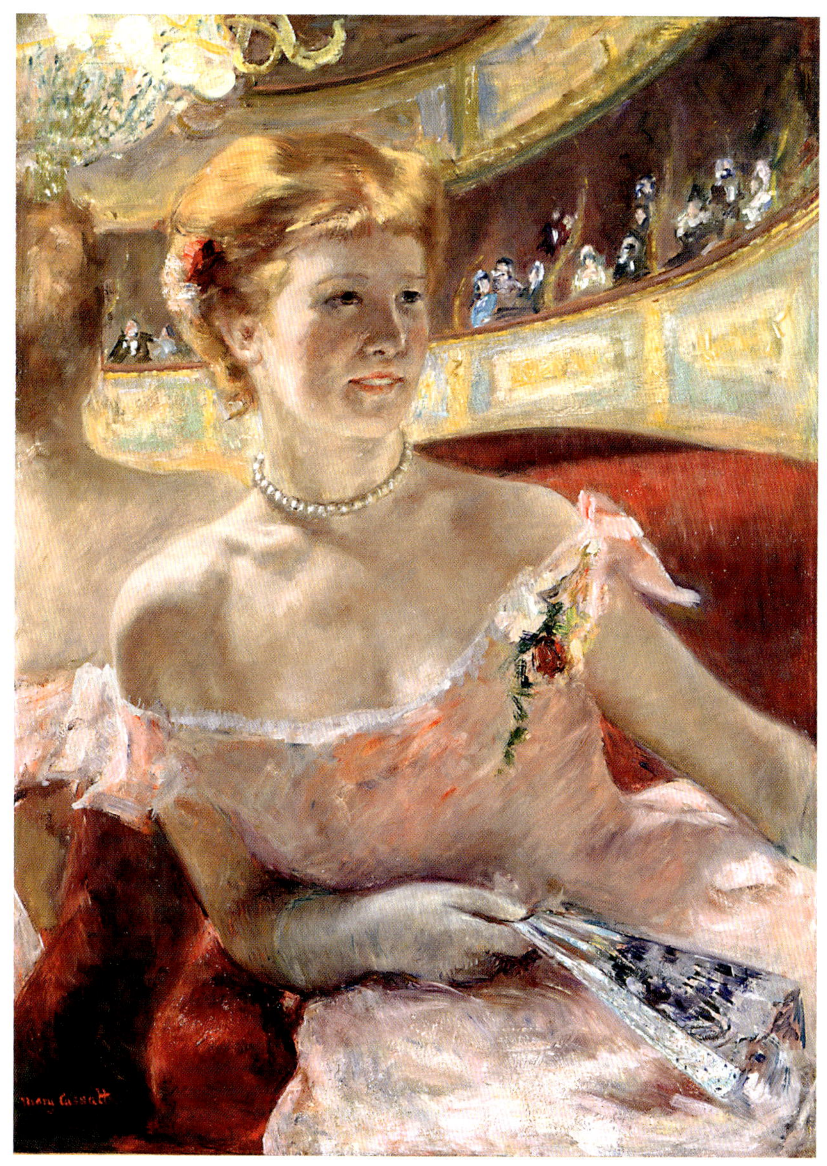
mary Cassatt

Édouard Manet
Ein Bund Spargel, 1880

Öl auf Leinwand
46 × 55 cm
Wallraf-Richartz-Museum & Fondation Corboud, Köln

In vielen Gemälden Manets tauchen immer wieder, wie nebenbei, beeindruckende Stillleben auf, wie beispielsweise im *Frühstück im Grünen* (siehe Seite 19) oder bei *Olympia* (siehe Seite 40/41). Aber er malt auch viele einzelne Stillleben, in denen es eher weniger um das Motiv als um die künstlerische Haltung geht. Die Handschrift des Malers und wie man einem toten Gegenstand durch die Malerei Leben einhauchen kann spielen dabei die entscheidende Rolle. In den 1860er-Jahren sind es noch eher klassisch anmutende Arrangements, die man von holländischen Gemälden des 17. Jahrhunderts zu kennen meint; dazu die üblichen Zutaten wie Fische, Gläser, Flaschen, Geschirr und ausgesuchtes Obst, drapiert auf einer meist verschobenen Tischdecke. Später reduziert Manet die Objekte, bis nur noch eine Zitrone oder ein Bund Spargel übrig sind. Was Manet allerdings aus den wenigen Objekten macht, ist große Kunst. Galt bei den Salonkünstlern jeder sichtbare Pinselstrich noch als Zeichen des Unfertigen und wurde quasi abgeschafft, betont Manet (und die Impressionisten) genau das. Damit gelingt ihm eine neue Lebendigkeit der Malerei, die man bei den porzellanhaften Oberflächen der Salonmaler vermisst. Der britische Maler David Hockney bewunderte das: »Mit Manet kehrte der Pinselstrich zurück und damit das Ungeschliffene.«

Der hier gezeigte Spargelbund ist ein gelungenes Beispiel für diese neue, lebendige Malerei, die auch durch die Erfindung der Fotografie, die Objekte frei von jeglicher menschlicher Einflussnahme abbildet, eine neue Freiheit erhält. Das scheint auch Charles Ephrussi begeistert zu haben, denn er zahlte Manet 1000 Franc für das kleine Meisterwerk. Charles Ephrussi war nicht irgendein Kunde, er war Bankier und vor allem Herausgeber der 1859 gegründeten *Gazette des Beaux-Arts*, einer der einflussreichsten Kunstzeitschriften dieser Zeit. Ephrussi ist ein früher Förderer der Impressionisten, veröffentlicht in seiner Zeitschrift wohlwollende Artikel und beginnt zu sammeln, unter anderem erwirbt er eine Version von Monets *La Grenouillère* (siehe Seite 50/51), die heute in der National Gallery in London hängt. Ephrussi ist unter anderem in Renoirs *Frühstück der Ruderer* verewigt (siehe Seite 92/93). Dort steht er mit Zylinder behütet im Hintergrund. Als 1882 sein Cousin Carl Bernstein mit seiner Gattin Felicie aus Berlin zu Besuch in Paris ist, begeistert er diesen für die impressionistische Kunst und vermittelt Verkäufe von Werken von Manet, Monet, Sisley, Pissarro und Degas. Es sind dies die ersten impressionistischen Kunstwerke, die ins Deutsche Reich gelangen und dort Künstler wie Max Liebermann nachhaltig beeindrucken.

Ephrussi bekam später noch einen Spargel von Manet nachgeliefert: Mit 1000 Franc fühlte sich der Maler zu gut bezahlt, verlangte er doch eigentlich nur 800. Als »Rückgeld« malte er seinem Kunden noch einen Spargel extra.

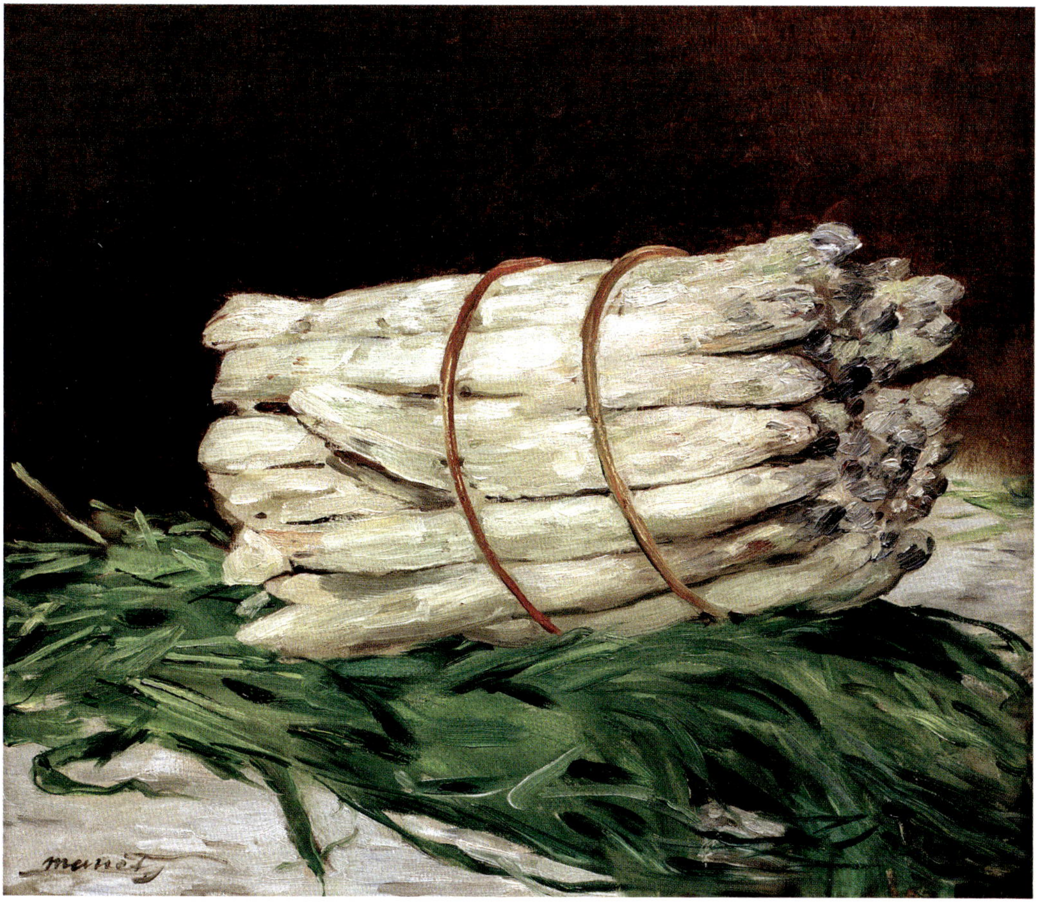

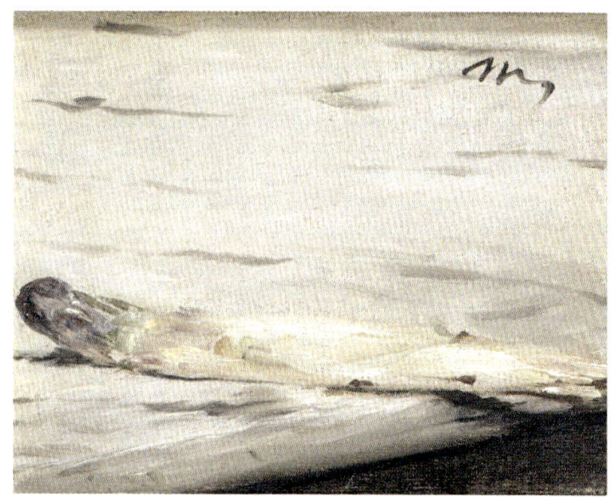

Gustave Caillebotte
Akt auf einem Sofa, um 1880

Öl auf Leinwand
129,54 × 195,58 cm
Minneapolis Institute of Art

Schwer zu sagen, was einem bei diesem Gemälde als Erstes ins Auge sticht, die Frau oder das Sofa. Beides ist in einer solch gläsernen Klarheit mit bläulich kühlen Farben gemalt, dass man sich fast wundert, dass die Dame nicht friert. Beide Motive, das Sofa wie auch die Frau, kennt man von anderen Bildern Caillebottes: Das Möbelstück stand in der Wohnung am Boulevard Haussmann, die Caillebotte mit seinem Bruder Martial bewohnte, und ist in dem Bild *Die Partie Bezique* von 1880 (Louvre, Abu Dhabi) zu finden. In dieser Wohnung hing übrigens auch, wie man in einem weiteren Bild (*Selbstporträt mit Leinwand*, 1879) sehen kann, der *Tanz im Moulin de la Galette* von Renoir, das Caillebotte gekauft hatte. Bei der Dame handelt es sich um Anne-Marie Hagen, mit der er von 1876 bis 1884 liiert war und die beispielsweise auch in *Le Pont d'Europe* (1876) zu sehen ist.
Das Gemälde zeigt einen erstaunlichen Akt, wie er nicht weiter entfernt von den akademisch-lüsternen Bildern eines Alexandre Cabanel oder Adolphe Bouguereau sein könnte, deren Ziel das sinnliche Vergnügen, die Verlockung, schlicht die sexy Pose war – natürlich immer unter dem Vorwand der Mythologie. Caillebotte entzieht diesem klassischen Sujet seine klassische Umsetzung: keine Göttin, keine Nymphe, sondern eine Frau von 1880, die nichts anhat. Während die Göttinnen der Maler seit der Renaissance, vor allem aber der Salonmaler, immer den idealisierten Phantasievorstellungen der Künstler und der Gesellschaft entsprangen (deren Brüste, nebenbei bemerkt, die Schwerkraft leugnen), zeigt Caillebotte hier einfach eine normale Frau. Betont wird die für die Kunst ungewöhnlich gewöhnliche Nacktheit durch die Ausgestelltheit, in der sie auf dem großen Sofa liegt, durch ihre Blässe, die der damaligen Kleidung geschuldet war, die die Frauen komplett bedeckte, und vor allem durch die Scham- und Achselbehaarung, die so in der Kunst bisher nicht vorkam (von Courbets *Ursprung der Welt* von 1866 einmal abgesehen). Die Spuren der Unterwäsche, die sich über dem Bauch abzeichnen, die Kleidung, die nachlässig auf das Kissen gelegt wurde, und die Stiefel, die die Dame vor dem Sofa abgestellt hat, tun ein Übriges, diese Szene als möglichst normal zu beschreiben. Von den vier Akten in diesem Buch ist dieser der sowohl überraschendste als auch der überzeugendste. Derartig alltägliche, nicht auf Erotik zielende Nacktheit gibt es in der Kunst erst wieder bei Lucian Freud.
Caillebotte hat das Gemälde weder ausgestellt noch verkauft, wie er ohnehin seine Bilder nie verkauft hat. Das führte dazu, dass er zwar bei den Ausstellungen der Impressionisten vertreten war, aber nicht mehr bei ihrer späteren kunsthistorischen Einordnung, weil es noch nicht mal Reproduktionen von seinen mehreren Hundert Werken gab. Was für ein außerordentlich kühner und begabter Künstler er war, blieb lange hinter seiner Bedeutung als Mäzen und Sammler versteckt.

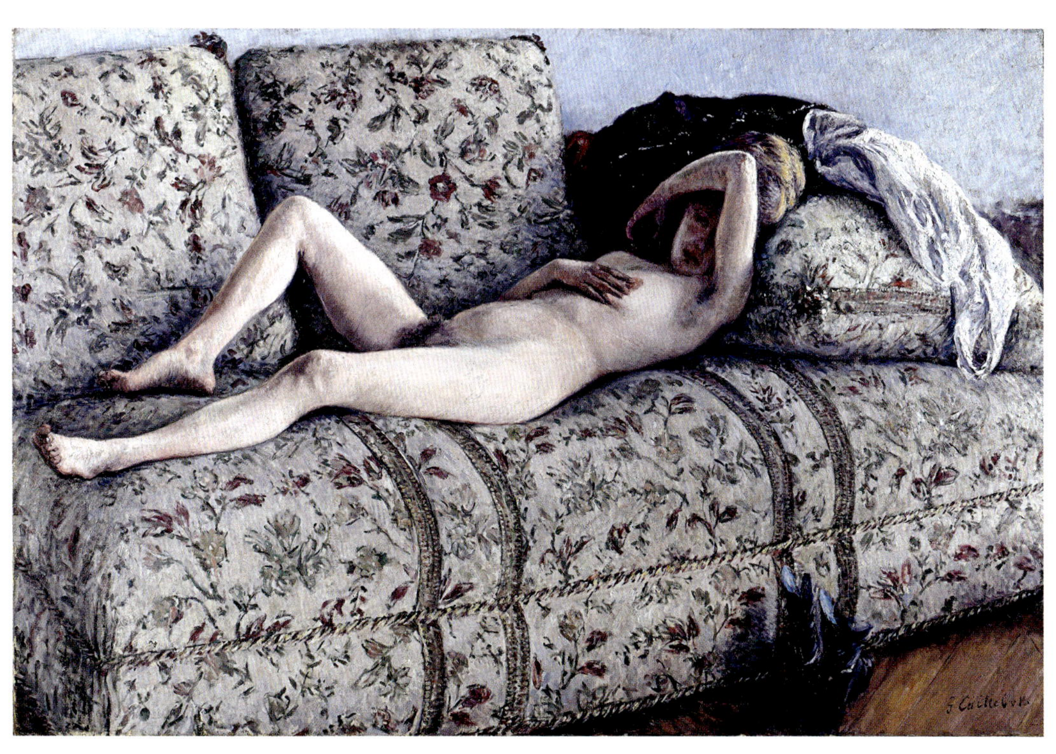

Auguste Renoir
Das Frühstück der Ruderer, 1880/81

Öl auf Leinwand
130,2 × 175,6 cm
The Phillips Collection, Washington

»Für mich muss ein Bild etwas Liebenswertes, Erfreuliches, Hübsches, ja, etwas Hübsches sein. Es gibt genug unerfreuliche Dinge auf der Welt, als dass wir noch weitere fabrizieren müssten.« Genau diesen Ansatz verfolgte Renoir in diesem Werk wie auch in den meisten seiner Bilder. Und das gleich auf mehreren Ebenen: Man sieht eine fröhliche Gesellschaft von 14 Leuten, die mit reichlich Speis und Trank eine ganz offensichtlich schöne Zeit verbringen. Fast alle Personen sind inzwischen identifiziert, was allerdings für das Bild und seine Wirkung keine Rolle spielt – oder, wie die amerikanische Malerin und Sammlerin Marjorie Phillips (1894–1985) schreibt: »Im Licht der Zeit spielt es keine große Rolle, wer die Figuren sind. Sie sind jeder Mensch, alle Menschen.« Phillips und ihr Ehemann Duncan gründeten 1921 mit der Phillips Collection, in der Renoirs Gemälde heute hängt, das erste Museum moderner Kunst in den USA. 1923 kauften sie das Werk während einer Frankreichreise für 125 000 Dollar. Eine Summe, die sich Renoir zu der Zeit, als er dieses Bild malte, wahrscheinlich gar nicht vorstellen konnte. Er konnte ja kaum professionelle Modelle bezahlen, weswegen hier hauptsächlich gute Freunde von ihm zu sehen sind: Der junge Mann mit Strohhut rechts ist Gustave Caillebotte und hinten mit Zylinder steht der erst 31-jährige Bankier Charles Ephrussi, der ein Jahr zuvor Manets *Spargel* erworben hatte (siehe Seite 88/89). Die Dame, die gerade aus einem Glas trinkt, Ellen Andrée, saß schon für Degas *Im Café* (siehe Seite 68/69). »Etwas Liebenswertes, Erfreuliches, Hübsches« ist natürlich die vorne links im Bild prominent platzierte Dame, Aline Charigot, die hier zwar mit Gustave Caillebotte zu flirten scheint, wenn sie nicht gerade ihren Terrier küsst (schon damals waren kleine Hunde ein Modeaccessoire), aber noch im selben Jahr mit Renoir zusammenzog. Sie heirateten 1890.

Das Gemälde ist, wie schon der *Tanz im Moulin de la Galette*, geschickt komponiert: Das Geländer bildet eine Diagonale, die die durch unterschiedliche Blickbeziehungen miteinander verbundenen Leute von der sonnigen Flusslandschaft trennt. Das Gestänge der Markise, der Ruderer links, übrigens der Besitzer des Lokals, und der Herr mit Zylinder betonen die Vertikale. Renoir vereint hier drei verschiedene Bildgattungen in einem einzigen Werk: die Figurenmalerei bzw. das Porträt, die Landschaft und ein Stillleben, das sich prächtig und brillant gemalt im Vordergrund auf dem Tisch befindet.

Renoir überkamen im Laufe der Beschäftigung mit der impressionistischen Malerei Zweifel, ob er sie so weiterbetreiben könne. Er wollte seiner Kunst einen klassischeren Anstrich geben. Manches davon ist in diesem Bild schon zu erahnen, umgesetzt hat er sein Vorhaben später bei den *Großen Badenden* (siehe Seite 96/97).

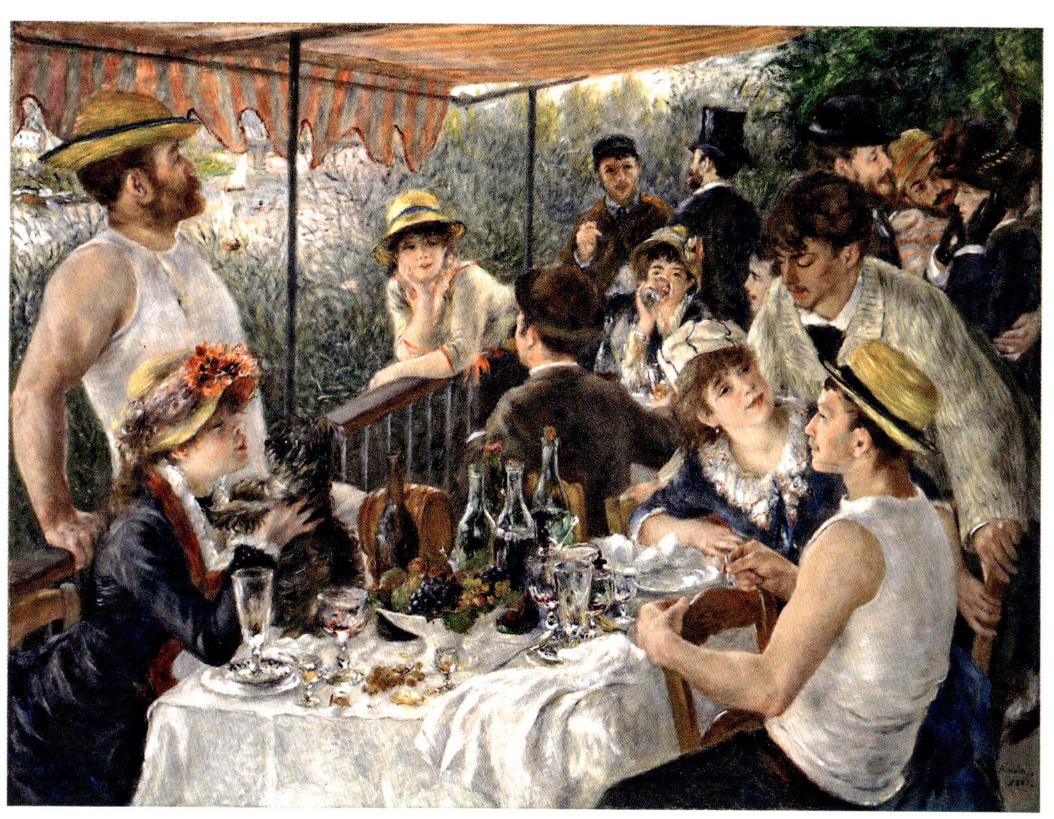

Georges Seurat
Ein Sonntagnachmittag auf der Île de la Grande Jatte, 1884–1886

Öl auf Leinwand
207,5 × 308,1 cm
The Art Institute of Chicago

Seurat wählte als Motiv zur Darstellung seiner Methode, die er selbst Divisionismus nannte (vom Teilen der Farben in einzelne, reine Farbpunkte), das sonntägliche Treiben auf der Seine-Insel Grande Jatte vor den Toren von Paris – der »großen Schüssel«, wie die Insel ihrer Form wegen genannt wird.

Wie schon Caillebotte bereitete Seurat sein Werk in vielen Zeichnungen und Ölskizzen akribisch vor. Anders als die Impressionisten interessierte ihn nicht der Eindruck eines Augenblicks. Vielmehr erscheint das Gemälde wie die Summe vieler Augenblicke. Nach eigener Aussage ging es ihm bei diesem Bild auch nicht um ein bestimmtes Motiv, sondern um die Anwendung seiner »Methode«. »Ich hätte ebenso gut, in einer anderen Harmonie, den Kampf der Horatier und der Curatier malen können.« Hat er aber nicht. Es scheint, als ginge es ihm durchaus auch um ein Sittenbild. Das Zentrum des riesigen Gemäldes bildet die Dame mit der roten Jacke und dem roten Schirm, die ein Kind an der Hand hält. Bis auf die beiden sind fast alle anderen im strengen Profil dargestellt, mit Blickrichtung auf die Seine. Dadurch erscheint das Bild, von Seurat durchaus beabsichtigt, in gewisser Weise wie ein antiker Fries.

Neben der Tatsache, dass das Gemälde für Seurat eine Art künstlerisches Manifest war, zeigt es verschiedene Typen aus unterschiedlichen Gesellschaftsschichten: Am auffälligsten ist die Dame rechts mit ihrem weit ausladendem Kleid, dem »Cul de Paris« (frz. »Pariser Hintern«), einer Mode, die im 18. Jahrhundert entstanden und zur Zeit Seurats gerade wieder en vogue war. Diese Mode wurde von manchem als anzüglich und sogar als lächerlich empfunden, was das Paar als weniger distinguiert entlarvt, als es erscheinen will – vor allem, wenn man das Hündchen und den Affen an der Leine dazu betrachtet: In der traditionellen Symbolik steht der Hund nicht nur für die Treue, sondern auch für das Laster. Ebenso steht der Affe für nichts Gutes, sondern für Eitelkeit und Wollust.

Interessant ist auch die angelnde Frau links am Ufer. Denn das französische Wort für angeln (»pêcher«) ist nur zu leicht mit demjenigen für sündigen (»pécher«) zu verwechseln. Nimmt man dies alles zusammen, so stünde das in Weiß gekleidete Kind vielleicht für die Unschuld, die von der Mutter auf den Pfad der Tugend geleitet wird. Der moralisierende Inhalt des Gemäldes dürfte die negative Reaktion Monets und Renoirs weniger provoziert haben als vielmehr das Fehlen von so ziemlich allem, was ein impressionistisches Gemälde ausmacht. Die Freiheit, die sie sich in den letzten Jahren in ihren Bildern erkämpft hatten, wird hier wieder einer sehr strengen Form unterworfen. Degas kritisierte den Mangel an Lebendigkeit, wobei »armselig gegliederte Wachsfiguren« noch zu den freundlicheren Bezeichnungen gehörte.

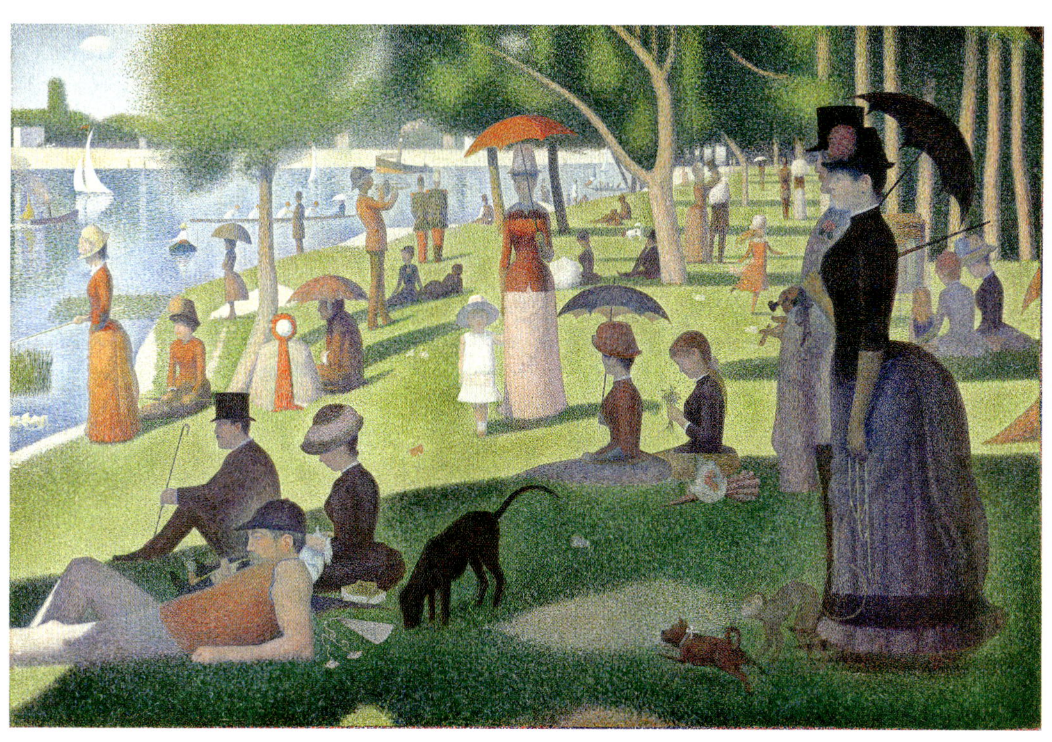

Auguste Renoir
Die Großen Badenden, 1884–1887

Öl auf Leinwand
117,8 × 170,8 cm
Philadelphia Museum of Art

Was sich beim *Frühstück der Ruderer* schon andeutete, wird bei den *Großen Badenden* nun deutlich sichtbar. Renoir steckte Anfang der 1880er-Jahre in einer Krise: »Um 1883 hatte ich den Impressionismus ausgeschöpft und war am Ende zu dem Schluss gelangt, dass ich weder malen noch zeichnen konnte […]. Ich bemerkte, dass dabei eine zu komplizierte Malerei herauskommt, bei der man fortwährend schwindeln muss. Kurz gesagt, der Impressionismus führte in eine Sackgasse.«
Die Impressionisten hatten ihre Kunst bis zu einem Punkt getrieben, an dem der weitere Weg unklar wurde. Sie hatten so viel erreicht, zumindest künstlerisch, so viele feste Grundsätze aufgebrochen, dass manche von ihnen innehalten mussten, um zu überlegen, was nun kommen sollte. Man konnte ja kaum »noch impressionistischer« malen. In einer solchen Lage hilft oft ein Schritt zurück und die Besinnung auf die Ursprünge. Vielleicht war dies auch ein Ausdruck der Zeit, denn gerade in Paris, dessen Bewohner in den letzten fünfzig Jahren so viele Änderungen erlebt hatten, war ein Moment der Einkehr nötig.
Renoirs Lösung war eine Hinwendung zur klassischen Malerei. Er reiste nach Italien, sah sich die Kunst der Meister der Renaissance an und studierte die antiken Fresken Pompejis. Renoir ging sozusagen an die Wurzeln der Kunst, um von diesen ausgehend wieder etwas Neues entwickeln zu können und eine Antwort zu finden, wie er weitermalen könnte. Er war beeindruckt von der »kompositionellen Festigkeit« der Werke der italienischen Renaissance, vor allem Raffael hatte es ihm angetan.
Zurück in Paris schuf er in einer für ihn ungewöhnlich langen Zeit, von 1884 bis 1887, *Die Großen Badenden*. Die Frage war: Wie malt man ein klassisches Sujet, den Akt, auf moderne Art und Weise? Er fertigte zahlreiche vorbereitende Zeichnungen für einzelne Figuren und mindestens zwei großformatige Mehrfigurenzeichnungen an. Im Gemälde sind die Akte streng konturiert, die Formen klar ausgearbeitet. Dabei orientierte Renoir sich nicht nur an den Italienern, sondern auch an Ingres' akademischem Stil. Das so entstandene Gemälde steht dabei seltsam zwischen Tradition und Moderne. Von der impressionistischen Leichtigkeit ist kaum noch etwas zu sehen, außer in der Landschaft, die in ihren Pastelltönen noch diesen Geist atmet – allerdings auch etwas unreal wirkt. Das Bild erscheint wie eine Collage dreier Kunststile: Von der Renaissance nahm Renoir die Klarheit, vom Rokoko die sinnliche Lust und vom Impressionismus die Farbigkeit. Und damit schuf er etwas doch eher Unentschiedenes.
Nachdem er mit der Kritik an seinem neuen Stil konfrontiert wurde, gab er diesen auch alsbald wieder auf und arbeitet nie wieder mit solchem Aufwand an einem einzigen Werk. Was blieb, ist Renoirs Leidenschaft für weibliche Formen. Auch sie gehört zu den Wurzeln seiner Kunst: »Ich weiß nicht, ob ich Maler geworden wäre, wenn Gott nicht den weiblichen Busen geschaffen hätte.«

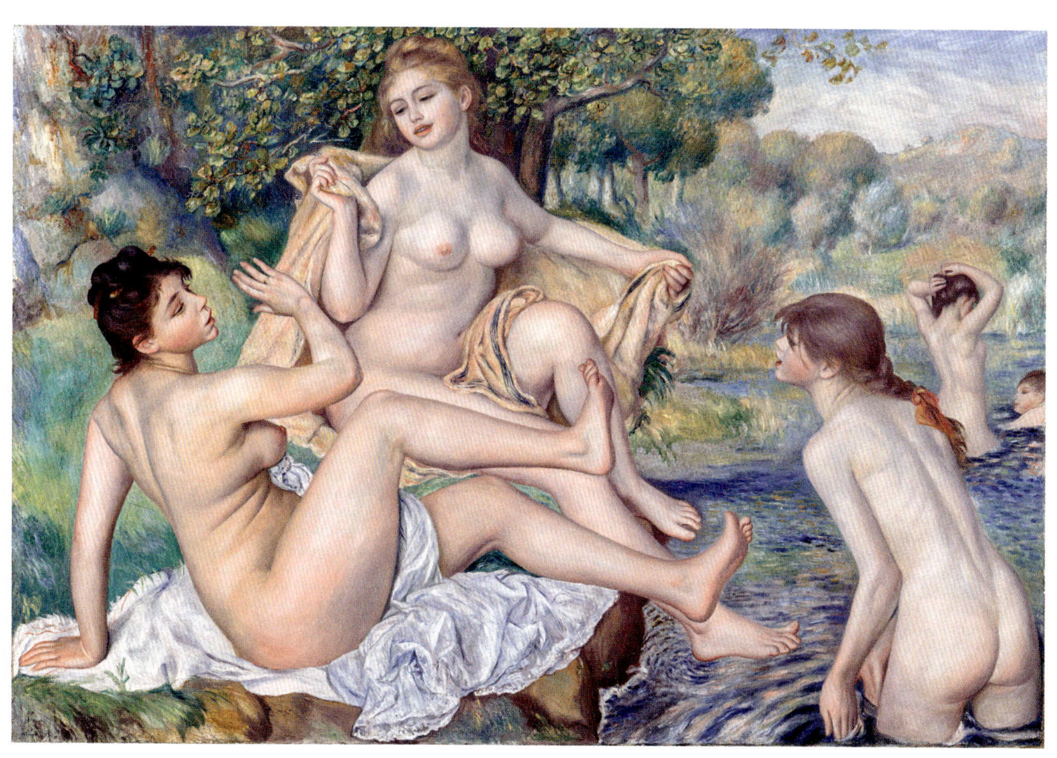

Camille Pissarro
Raureif, eine junge Bäuerin macht Feuer, 1888

Öl auf Leinwand
92,8 × 92,5 cm
Sammlung Hasso Plattner

Gerade als Paul Durand-Ruel in den USA Mitte der 1880er-Jahre mit der impressionistischen Kunst finanziell Erfolg erzielt, beginnen Renoir und Pissarro an genau dieser Kunst zu zweifeln: »Ich bin sehr verstört über meine ungeschliffenen und rohen Ausführungen. Ich möchte eine weichere, sanftere Technik, um nicht die gleiche Wildheit zu behalten«, meinte Pissarro. Beide merken, dass ihnen in ihrer »Sprache« etwas fehlt und schwenken um: Renoirs Malerei entwickelt sich in Richtung Akademismus (siehe Seite 96/97) und Pissarro entdeckt den Pointillismus. Er lernt 1885 Georges Seurat kennen (siehe Seite 33 f.), der ihn mit seinem wissenschaftlichen Ansatz stark beeinflusst. In dieser Zeit lebt Pissarro mit seiner Familie in Éragny und hat überall Schulden. Pissarro erhofft sich durch den Neoimpressionismus eine neue Dynamik und frischere Lebendigkeit seiner Malerei. Er schreibt seinem Sohn im Juli 1888: »Ich traf Bracquemond, der mir große Komplimente [...] machte. Wir haben uns über die Zerteilung der Farbtöne unterhalten, er sagte mir, er vermute stark, dass mein neuer Entschluss sehr viel Gutes an sich habe [...] und dass es seine Früchte tragen werde. Sehr zustimmend, wie Du siehst.« Aber diese Art der Malerei verschlingt immens viel Zeit und die Bilder sind leider kaum zu verkaufen. Sogar der treue Durand-Ruel lehnt sie deswegen ab. Trotzdem hält Pissarro stur daran fest. Sein Urenkel Joachim bezeichnete ihn in einem Interview deswegen als egoistischen Bastard, der seine Kunst und ihre Entwicklung über das Wohl der Familie stellte. Wie prekär und verzweifelt die Situation in dieser Zeit tatsächlich war, zeigt ein Brief, den Pissarros Frau Julie ihrem ältesten Sohn Lucien im Herbst 1887 schrieb: »Mein lieber Sohn Lucien, ich habe kein Geld und niemanden mehr, der mir noch etwas leiht. Wir sind acht daheim, die jeden Tag gefüttert werden müssen. Wenn Essenszeit ist, kann ich nicht zu ihnen sagen ›wartet‹, dieses dumme Wort, das Dein Vater immer wiederholt. Ich habe entschieden, die drei Jungen nach Paris zu schicken und dann mit den kleinen einen Spaziergang am Fluss zu machen. Du kannst Dir den Rest denken. Alle würden an einen Unfall glauben. Aber als ich bereit war zu gehen, fehlte mir der Mut. Mein armer Lucien, ich bin schrecklich unglücklich. Auf Wiedersehen, Maman.«

Diese Verzweiflung und die Entbehrungen sind den Bildern nicht anzumerken. Aber offenbar hat Pissarro irgendwann ein Einsehen und besinnt sich auf seine Familie und seine eigentlichen künstlerischen Fähigkeiten und Möglichkeiten. Er erkennt, dass der Pointillismus eine Sackgasse ist. Wie sein Freund Renoir orientiert er sich neu, erinnert sich an die Frische ihrer jungen Jahre und malt wieder in der inzwischen immer mehr anerkannten impressionistischen Manier, die er im Austausch mit seinen Freunden entwickelt hat.

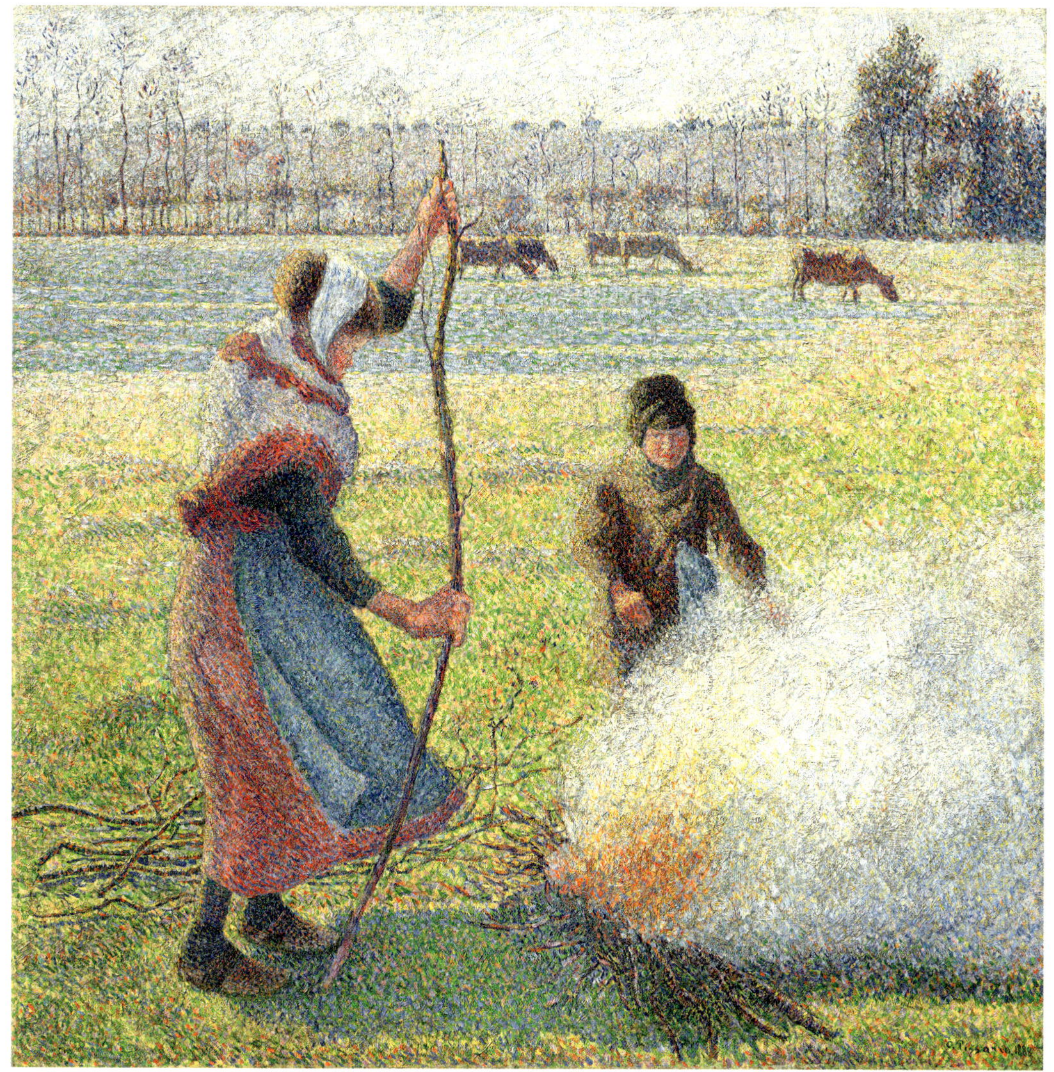

Berthe Morisot
Mädchen mit Strohhut, 1892

Öl auf Leinwand
81,3 × 65,4 cm
Privatsammlung

Berthe Morisot war wie auch Edgar Degas an sieben der acht Ausstellungen der Impressionisten beteiligt. Mehr schaffte nur Camille Pissarro, der in allen ausgestellt hat. Morisot fehlte bei der Ausstellung 1879, da kurz vorher ihre Tochter Julie geboren worden war, die auf diesem Bild zu sehen ist. Das Kind wuchs behütet auf und wurde schon früh auf sämtliche Reisen des Ehepaars Morisot-Manet mitgenommen. Julie lernte natürlich alle wichtigen Kollegen und Freunde ihrer Eltern kennen und führte schon mit 15 regelmäßig Tagebuch. Die Bücher der Jahre 1893 bis 1899 wurden nach ihrem Tod von ihren Kindern veröffentlicht. Darin enthalten sind interessante und persönliche Eindrücke nicht nur des privaten Lebens der Familie, sondern auch Schilderungen der Künstler und der politischen Geschehnisse der Zeit, wie beispielsweise der Dreyfus-Affäre. Diese war nicht nur politisch ein Skandal, sondern spaltete auch die Impressionisten.
1881 hatte die Familie sich in der heutigen Pariser Rue Paul-Valéry im noblen Quartier de Chaillot ein Haus gebaut, von dessen Mieteinnahmen sie unter anderem lebten und in das sie später selbst auch einzogen. Nachdem ihr Mann Eugène 1892 gestorben war, richtete sich Morisot wieder ein Atelier in ihrer Wohnung ein. Ob dieses Bild ihrer Tochter dort oder im Sommerhaus in Bougival entstanden ist, ist unbekannt. Julie sitzt vor einem Bücherregal, rechts neben ihr scheint ein japanisches Bild zu hängen. Wie die anderen Impressionisten, vor allem Degas und Pissarro, blieb Morisot in ihrer künstlerischen Entwicklung nie stehen, immer probierte sie Neues. In diesem Gemälde ist ihr beherzter, manchmal fast ungestümer Umgang mit dem Pinsel einer weicheren, fließenderen Technik gewichen. Die Töne sind sanft und pastellig. Das Ölgemälde wirkt fast eher wie eine Aquarellzeichnung. Aber Morisot legte ohnehin keinen großen Wert auf übertriebene Theoriedebatten, ob nun die Zeichnung oder die Farbe den Vorrang in der Malerei hätte. Es gab ja unter ihren Freunden sowohl diejenigen, die die Farbe bevorzugten, wie Monet und Renoir, als auch diejenigen, wie Degas und Caillebotte, die die Zeichnung als den wichtigeren Aspekt des Bildes ansahen. Morisots Haltung war da pragmatisch: »Diese ewige Unterscheidung von Zeichnung und Farbe ist kindisch, da die Farbe nur ein Ausdruck der Form ist.« In seiner Machart erinnert dieses Bild ihrer Tochter an manche Gemälde des Norwegers Edvard Munch, der 1889 nach Paris kam und sich mit einigen Impressionisten anfreundete. Es ist nicht unwahrscheinlich, dass er auch Berthe Morisot kennengelernt und ihre Bilder gesehen hat.
Berthe Morisot stirbt 1895 mit nur 54 Jahren an einer Lungenentzündung. Durand-Ruel, der ihr schon seit 1873 die meisten Bilder abgekauft hatte, organisierte im Jahr darauf mit ihren Malerfreunden Degas, Monet, Renoir und dem Schriftsteller Stéphane Mallarmé eine Gedächtnisausstellung in den Räumen seiner Galerie.

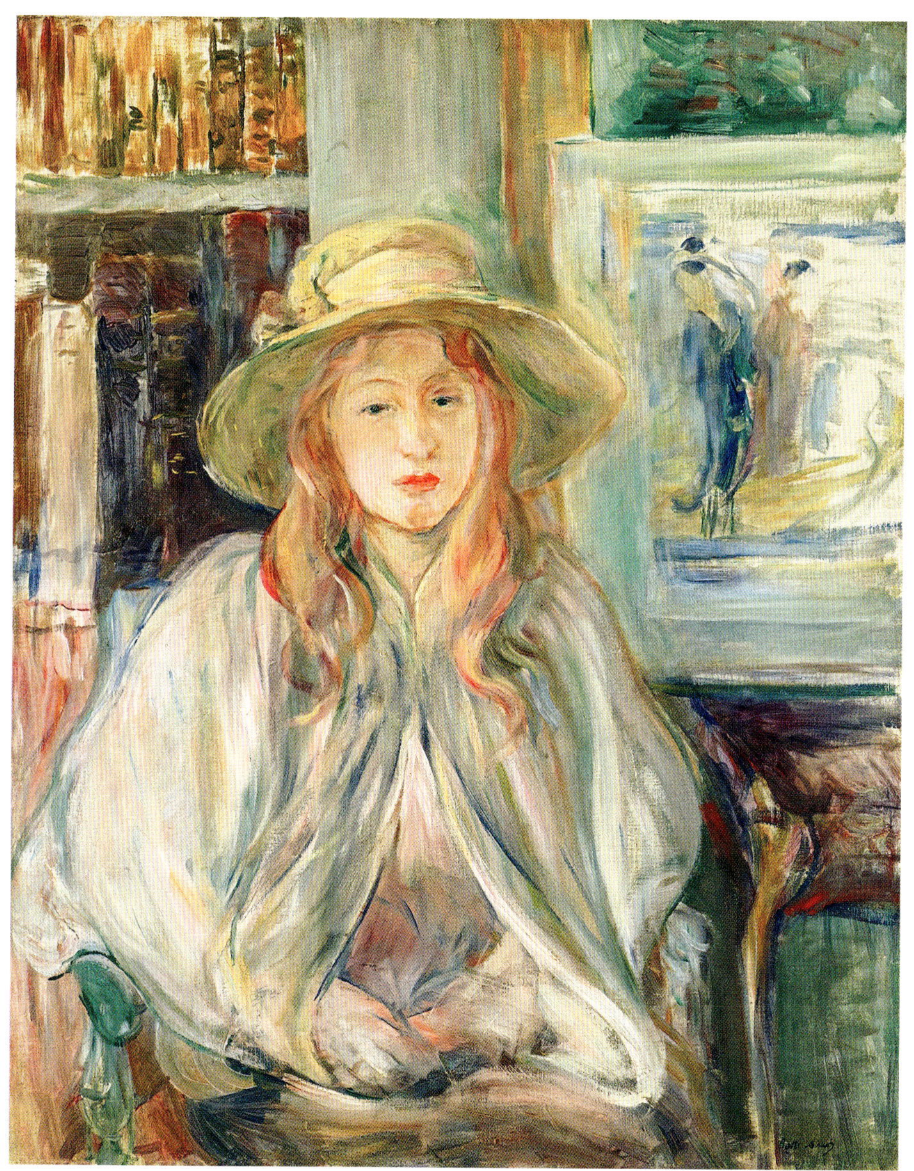

Claude Monet
Kathedrale von Rouen, Westfassade, Sonnenlicht, 1894

Öl auf Leinwand
100,1 × 65,8 cm
National Gallery of Art, Washington

Im Laufe seiner künstlerischen Entwicklung hatte sich Monets Einstellung zur bildlichen Darstellung der Realität verändert: Er ging schließlich davon aus, dass es keine absolute, feste Form der Realität gibt, sondern dass sie aus einer Vielzahl von Eindrücken besteht. Monets Schlussfolgerung war, dass nur eine Serie von Bildern bzw. deren Summe ein adäquates Abbild der Wirklichkeit wiedergeben könne. Diese Erkenntnis (heute würde man von einem Konzept sprechen) setzte er dann beim Malen banaler Motive wie Heuhaufen (1890) oder Pappeln (1891) in die Tat um. Der vorläufige Höhepunkt von Monets Bilderserien – oder Serienbildern – waren die Gemälde der Kathedrale Notre-Dame in Rouen. Er war dabei weniger an der Kirche als Gotteshaus, Architektur oder Symbol der französischen Identität interessiert, sondern schlicht an der Fassade als »Lichtträger«.
Monet beginnt im Februar 1892. Er löst den Teil der Fassade, den er vom Fenster des Hauses gegenüber sieht, aus dem architektonischen Kontext, denn es geht ihm um das Licht, seine Wirkung und um seine eigenen Gefühle: »Was ich wiedergeben möchte, ist das, was sich zwischen dem Motiv und mir abspielt.« Im April 1892 bricht er die Arbeit erschöpft ab und fährt zurück nach Giverny. »Ich bin zerschlagen, ich kann nicht mehr. Und was mir nie passiert, ich habe die ganze Nacht Alpträume gehabt. Die Kathedrale ist über mir zusammengebrochen, sie schien blau, rosa oder gelb zu sein.« Der finanzielle Erfolg, den er inzwischen hat, gibt ihm die Freiheit, sich mit anderen Dingen zu beschäftigen, wie etwa dem Kauf neuer Grundstücke für seine Teichlandschaft. Im Februar 1893 kehrt er zurück, muss aber einen anderen Raum beziehen, woraus die verschiedenen Perspektiven der insgesamt 30 Bilder resultieren. Er arbeitet weiter wie ein Besessener, manchmal sogar an 14 Leinwänden gleichzeitig. Bildtitel wie »trübes Wetter, Harmonie in Grau« oder »Morgenstimmung« geben Auskunft über Wetterbedingungen und Tageszeiten. Im April 1893 ist die Arbeit in Rouen beendet, jedoch noch nicht die Arbeit an den Gemälden. In Giverny überarbeitet Monet sie immer wieder und harmonisiert die Farben der Bilder untereinander, bis sie einzeln und in der Serie endlich seinen Vorstellungen entsprechen. Alle Gemälde der Serie tragen die Datierung 1894, egal ob sie 1892 oder 1893 entstanden sind.
Im Juli 1895 zeigt er die Bilder bei Durand-Ruel. Die Präsentation ist ein großer Erfolg und Monet kann sie für bis zu 15 000 Franc verkaufen. Das ist dreimal mehr als für seine Heuhaufenbilder und fünfmal mehr als für die Pappeln drei Jahre zuvor. Aber es wird auch kritisiert, dass er mit diesen Serien eine erfolgreiche Formel gefunden hätte, um mit einer Idee mehrere gut verkäufliche Gemälde zu produzieren. Und wenn schon – hatte er das nicht verdient? Er selbst meinte zu seinen 30 Bildern: »Ich glaube, einige meiner Kathedralen sind recht gut gelungen.«

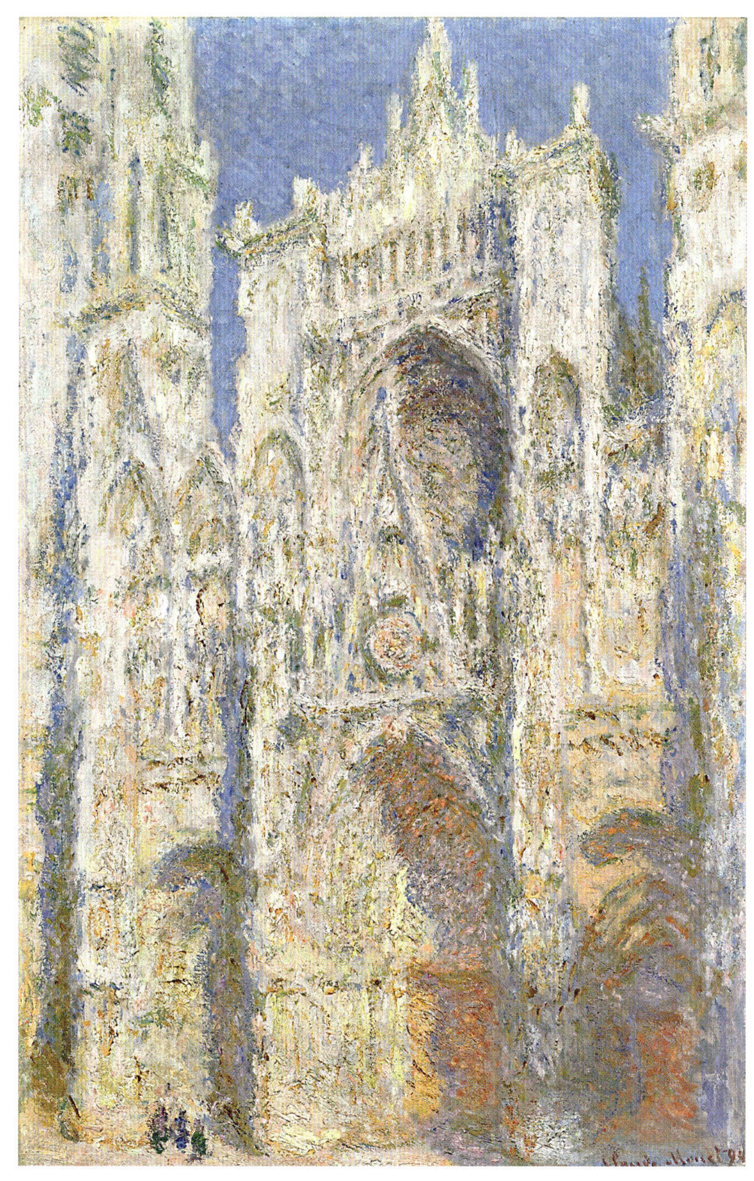

Alfred Sisley
Die Kirche von Moret (Abend), 1894

Öl auf Leinwand
101 × 82 cm
Petit Palais, Musée des Beaux-Arts de la Ville de Paris

Die letzten zehn Jahre seines Lebens verbrachte Sisley in Moret-sur-Loing am Rande des Waldes von Fontainebleau. Die Idee, eine Kirche unter verschiedenen Wetter- und Beleuchtungsbedingungen zu malen, hatte zuvor schon Johan Barthold Jongkind gehabt, einer der Lehrer Claude Monets (siehe Seite 14). Jongkind beschäftigte sich 1864 mit der Kathedrale Notre-Dame in Paris, und Monet tat ab 1892 Ähnliches mit der Kathedrale von Rouen (siehe Seite 102/103). Ist es Zufall oder Schicksal? Jedenfalls scheint es bezeichnend, dass der deutlich bekanntere Monet die deutlich bekanntere Kirche in Rouen malte, während der deutlich erfolglosere Sisley sich zur gleichen Zeit mit einer Dorfkirche begnügte, die nicht mal ein Drittel der Größe der Kathedrale von Rouen aufweist.
1893 beginnt Sisley die Arbeit an »seiner« Notre-Dame, die zwischen dem 13. und 15. Jahrhundert errichtet wurde. Seine Leinwand steht gegenüber der Ecke von Westfassade und Südturm. Es gibt Versionen, die die gesamte Südseite zeigen und andere wie diese hier, die den Blick nur bis zum ersten Joch zulassen. Aufgrund der wenigen Meter Abstand scheint es, als würde die Kirche leicht nach hinten kippen, wie auf einer Weitwinkelfotografie mit stürzenden Linien. Durch die unmittelbare Nähe bekommt der Baukörper eine starke, wuchtige Präsenz. Wie eng es in Moret zugeht, erkennt man an der schmalen Straße, die links in die Tiefe führt, und an den blauen Schatten der Häuser gegenüber, die die Abendsonne auf die Kirche wirft. Anders als bei Monet ist die Kirche in den architektonischen Kontext eingebunden, wie auch der Baukörper selbst das Thema ist und nicht in erster Linie das Licht, das auf ihn scheint. Sisley nimmt den Bau als Körper wahr, den die atmosphärischen Veränderungen jeweils unterschiedlich erscheinen lassen, während bei Monet die Fassade »nur« Projektionsfläche des Lichtes ist. Dabei sind Sisleys Licht- und Farbvariationen rationaler und nachvollziehbarer, was auch daher rühren mag, dass er die Bilder ausschließlich vor Ort malte und nicht später im Atelier »harmonisierte«. Der Reiz an Sisleys Serie ist das getreue Abbild verschiedener Impressionen, die sich mit den Seherfahrungen der Betrachter decken – im Gegensatz zu den fast schon transzendentalen Lichterscheinungen Monets.
Als die Serie von 14 Bildern 1896 im Salon de la Société Nationale des Beaux-Arts ausgestellt wurde, erwarb die Stadt Paris die hier gezeigte Version. Ein Jahr später erhielt der Staat sechs weitere Gemälde Sisleys aus dem Nachlass des 1894 verstorbenen Caillebotte.
Alfred Sisley starb 1899 in Moret, bevor er die Anerkennung erhielt, die seine Freunde Monet und Renoir schon lange hatten und die auch er bereits zu Lebzeiten verdient hätte. Auf seinem Grabstein steht sein künstlerisches Motto, das er so überzeugend auf die Leinwand gebracht hat: »Die Objekte müssen von Licht umhüllt sein, wie sie es in der Natur sind.«

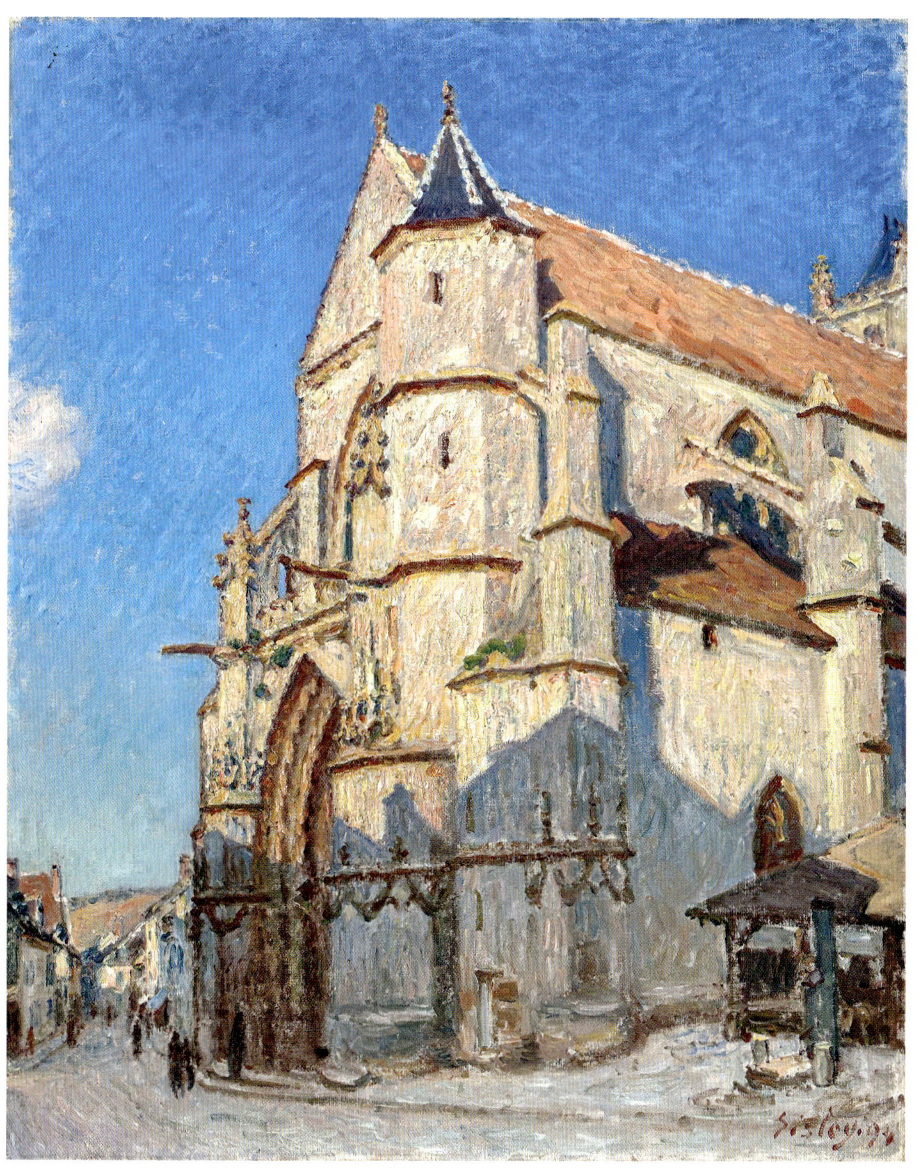

Camille Pissarro
Boulevard Montmartre, Abenddämmerung, 1897

Öl auf Leinwand
54 × 65 cm
Sammlung Hasso Plattner

Pissarro ist einer der vielfältigsten Impressionisten. Er probiert alles aus und entdeckt immer wieder Neues. Ungewöhnlich für die Impressionisten ist sein umfangreiches grafisches Werk von Lithografien und Radierungen. Auch mit dem Neoimpressionismus bzw. Pointillismus experimentiert er, aber der bringt nicht die befreiende Lösung, die er sich erhofft. Als er sich wieder der impressionistischen Methode zuwendet, malt er scheinbar befreiter, sodass seine neuen Werke zusehends Gefallen finden und sich wieder, auch von Paul Durand-Ruel, verkaufen lassen. 1892 findet eine Einzelausstellung in der Galerie statt, die genügend Geld einbringt, dass der Maler Reisen unternehmen kann, wie beispielsweise nach London, wo er bereits 1870 zusammen mit Monet Durand-Ruel kennengelernt hatte. Ein Augenleiden, das ihn schon seit Längerem plagt, zwingt Pissarro jedoch, möglichst wenig draußen zu arbeiten, da er seine Augen vor Staub und Wind schützen muss. Die Lösung: Er entdeckt die Stadt als Motiv neu für sich und mietet sich in Le Havre, Rouen, Dieppe und natürlich auch in Paris in Hotelzimmern ein, von denen aus er das Treiben auf den Straßen verfolgen kann. Besonders hat es ihm der Pariser Boulevard Montmartre angetan, den er in 14 Gemälden zu unterschiedlichen Tages- und Nachtzeiten zeigt. Das erinnert natürlich an die Serien von Monet, vor allem an die Kathedralen, aber auch an die Kirchen-Serie aus Moret-sur-Loing von Sisley. Vielleicht hat sich Pissarro in seinem Alter mit der Tatsache abgefunden, dass er mit seiner modernisierten Version des Impressionismus letztlich doch ein Konzept entwickelt hat, einen »fertigen« Stil, auf den er sich so lange nicht festlegen wollte. Und man sieht, dass der Neoimpressionismus eine nachhaltige Wirkung auf ihn hat: Seine Farben werden lebendiger und dynamischer. Die Details nimmt er zugunsten der Gesamtwirkung zurück – was allerdings auch an dem Augenleiden liegen mag.

Man meint in diesen Bildern des Boulevards eine neue Lebensfreude zu erkennen, die vielleicht letztlich auch aus der Verbesserung seiner finanziellen Situation entstand. Der erhöhte Blick aus den Hotels lässt die Boulevards wie Landschaften erscheinen, wie es schon 1874 bei Monets *Boulevard des Capucines* der Fall war. Das »neue Paris« nach dem Umbau Haussmanns stellt sich wie eine natürliche Umgebung von großer Schönheit und Lebendigkeit dar. Sogar eine Version mit den Feierlichkeiten des Mardi Gras, eines Karnevalsumzugs, ist Teil dieser Serie. Es ist vielleicht das einzige Bild Pissarros, in dem viele fröhlich feiernde Menschen dargestellt werden – auch wenn man sie nur als »impressionistische Masse« erkennt.

Mit dieser Serie endet für Pissarro eine Reise, die auf den neuen Pariser Straßen ihren Anfang genommen hatte. Von seinen Kollegen immer geachtet und anerkannt, stirbt er 1903 schließlich als wohlhabender Künstler.

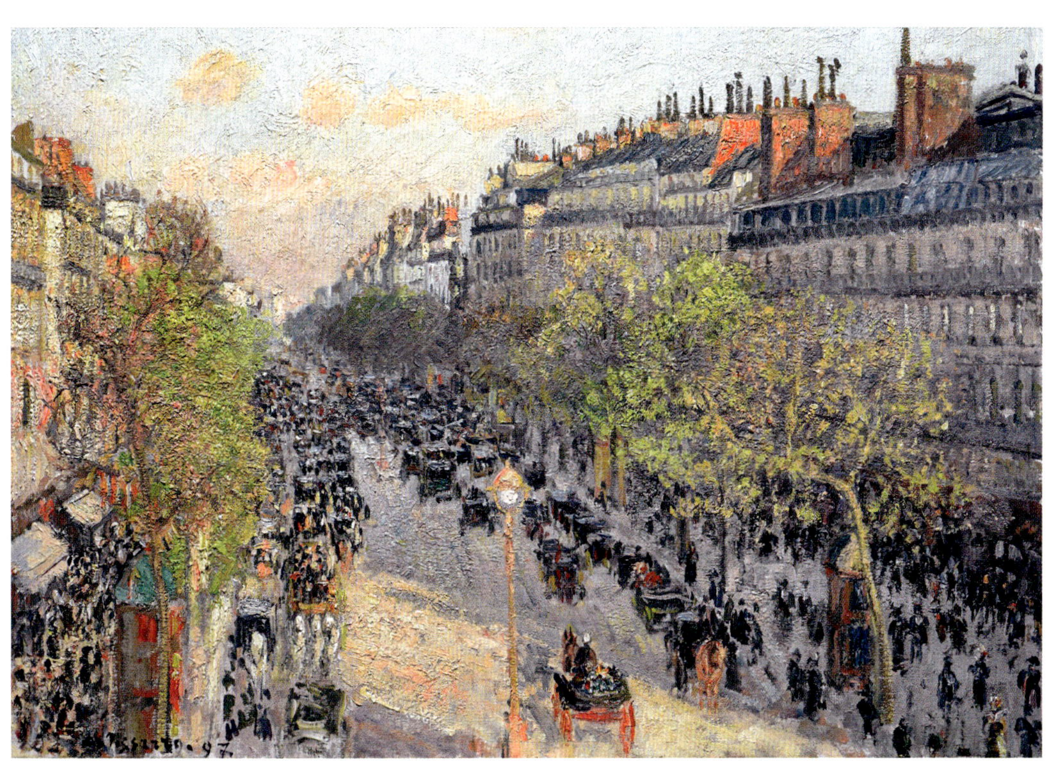

Paul Cézanne
Mont Sainte-Victoire, 1902–1906

Öl auf Leinwand
64,8 × 81,3 cm
Philadelphia Museum of Art

Den fast tausend Meter hohen Mont Sainte-Victoire bei Aix-en-Provençe hat Cézanne in über 45 Aquarellen und mehr als 30 Ölbildern festgehalten. Am häufigsten malte er ihn von der Anhöhe Les Lauves aus. Ganz in der Nähe ließ er sich 1901 ein Atelierhaus bauen, in dem er bis zum Ende seines Lebens fast jeden Tag malte.
Das Gemälde wirkt, wie die meisten anderen Landschaftsbilder Cézannes, sehr ruhig und konzentriert und es ist für den Betrachter kaum »erschließbar«. War es früher üblich, dem Betrachter den Bildraum optisch und gedanklich durch einen Weg oder einen Fluss zu öffnen oder durch eine Repoussoir-Figur zu vermitteln, schottet Cézanne seine Landschaft geradezu gegen ihn ab. Kein Weg führt in die Weite der Landschaft, im Gegenteil: die dunklen Farben und Formen im Vordergrund und die Horizontalen im Mittelgrund versperren den Zugang. Die Landschaft ist nur Objekt der ästhetischen Betrachtung und keine Projektion der Natur mehr, wie es noch bei den Impressionisten üblich war.
Cézannes Bild des Mont Sainte-Victoire entstand ganz aus der Farbe heraus. Über dem weiten Tal erhebt sich das mächtige Bergmassiv. Der sanft ansteigende Bergrücken schiebt sich von Norden, im Bild links, nach Süden, um nach dem Gipfel jäh abzufallen. In der Ebene entdeckt man gelbe Felder, grüne Wiesen, Bäume und einige Häuser. Sieht man genauer hin, erkennt man jedoch nur einzelne Farbflecken, die sich wie ein Mosaik über das gesamte Bild verteilen. Cézanne gibt die Gegenstände nicht illusionistisch wieder. Die einzelnen Farbstriche, die er über die gesamte Bildfläche verteilt, haben mit den Gegenständen selbst wenig zu tun. Trotz dieser Freiheiten im Einzelnen entsteht ein wahrhaftiges Landschaftsbild, das sich in seiner Gesamtwirkung doch recht streng an die natürlichen Vorgaben hält.
Der Maler Émile Bernard (1868–1941), der Cézanne in dessen letzten Jahren kennenlernte, beschreibt diese Arbeitsweise wie folgt: »Er begann mit den Schattenteilen und mit einem Fleck, auf den er einen zweiten, größeren setzte, dann einen dritten, bis alle diese Farbtöne, zueinander geordnet, die Gegenstände hervorbrachten. Da begriff ich, dass ein Harmoniegesetz seine Arbeit leitete und dass diese Modulationen eine im Voraus festgesetzte Richtung hatten.«
Wie man Bernards Schilderung entnehmen kann, entstanden Cézannes Bilder Strich für Strich, Fläche für Fläche. Dabei lässt der Maler die Konstruktionsprinzipien der Perspektive hinter sich und betont die Bildfläche als das, was sie ist: zweidimensional. Damit schafft er Kunst nicht als Abbild der Natur, sondern als »Harmonie parallel zur Natur«.

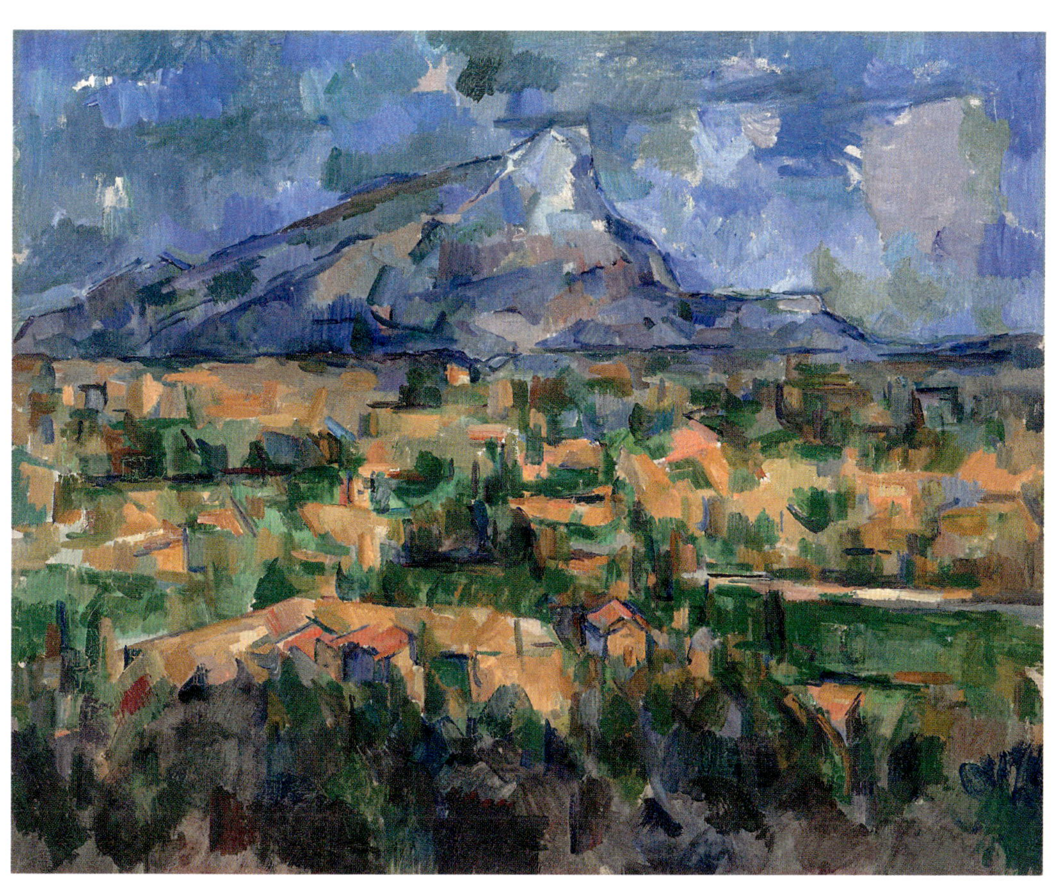

LITERATURAUSWAHL

Duvivier, Christophe, und Josef Helfenstein (Hrsg.), *Camille Pissarro. Das Atelier der Moderne*, Ausstellungskatalog Kunstmuseum Basel, München 2021

Feist, Peter H., *Malerei des Impressionismus 1860–1920*, Köln 1992

Feist, Peter H. (Hrsg.), *Impressionismus. Die Erfindung der Freizeit*, Leipzig 1993

Gleis, Ralph (Hrsg.), *Gustave Caillebotte. Maler und Mäzen des Impressionismus*, Ausstellungskatalog Staatliche Museen zu Berlin, München 2019

Goncourt, Edmond, und Jules Goncourt, *Manette Salomon*, Berlin 2017 (Original 1867)

Grimme, Karin H., *Impressionismus*, Köln 2007

King, Ross, *Zum Frühstück ins Freie*, München 2008

Krämer, Felix, *Monet und die Geburt des Impressionismus*, Ausstellungskatalog Städel Museum, Frankfurt am Main, München 2015

Palmbach, Barbara, *Paris und der Impressionismus*, Weimar 2001

Rewald, John, *Geschichte des Impressionismus*, Köln 2001

Walther, Ingo F. (Hrsg.), *Impressionismus. Die Geburt des Lichts in der Malerei*, Köln 2019

Wildenstein, Daniel, *Monet und der Triumph des Impressionismus*, Köln 1999

Zola, Émile, *Das Werk*, Berlin 2002 (Original 1886)

BILDNACHWEIS

Die Vorlagen wurden uns freundlicherweise von den in den Bildlegenden genannten und hier aufgeführten Museen und Sammlungen zur Verfügung gestellt bzw. stammen aus dem Archiv des Verlags mit Ausnahme von:

akg-images: 11, 61, 89 oben

akg-images / Erich Lessing: Frontispiz, 81

akg-images / Laurent Lecat: 45, 67

Hervé Champollion / akg-images: 85

© Photo Josse / Bridgeman Images: 75

© Sotheby's / akg-images: 16

The National Gallery, London / akg: 8–9, 12, 29